현묘의 사주 강의

명리의 원리부터 천간까지

입문 1

현묘 지음

현묘의 사주 강의

날

일러두기
- 〈1강〉은 저자가 명리 상담가가 되기까지 과정을 들려주는 것이 주 내용이어서, 〈문제 풀기〉를 넣지 않았다.
- 저자는 오행의 색을 목은 연두색 혹은 에메랄드색, 화는 화려한 색·밝은색, 토는 땅의 색 등 여러 색이 섞여 정의하기 어려운 색, 금은 철강의 색 혹은 노출된 콘크리트 건물의 색, 수는 검은색으로 표현했다. 수 말고는 완벽한 구현이 어려워 책에서 목은 초록색, 화는 붉은색, 토는 황토색, 금은 흰색으로 표현했다.
- 책명은 《 》, 기사 제목·노래 제목·단편 글·블로그명은 〈 〉로 표기했다.
- 본문에 저작권 있는 사진이 쓰였다면, 저작권자가 확인되는 대로 허락을 받고 저작권료를 지불하겠다.

책을 내며

생년월일시에 인간의 운명이 담겨 있습니다.
이 문장이 유치한 농담처럼 들린다면, 웃어넘겨도 좋습니다.
하지만 만약 시간이 그저 흘러가는 것이 아니라,
매 순간이 고유한 의미를 가지고 있다면 어떨까요?
그리고 그 시간에 태어난 인간이 그 의미대로 살아간다면요?

만에 하나 그렇다면,
밤잠을 설치게 할 만큼 놀랍지 않은가요.
아니, 평생에 걸쳐 온힘을 다해 연구할 만큼 가치가 있지 않을까요.

반딧불이가 동료를 부르듯 기쁘고 들뜬 연구자의 마음으로 2023년 1월부터 〈현묘의 사주명리〉라는 강의를 개설했고, 1년간 진행한 내용을 책으로 담았습니다. 입문, 중급, 고급 편(시리즈)으로 한 권씩 이어 나갈 예정입니다.

《나의 사주명리》를 이미 본 분들이라면, 그 책과 무엇이 다른지 궁금할 것입니다. 《나의 사주명리》에서는 핵심 줄기만 소개했습니다. 이 책에는 그 책에서 미처 다루지 못한 잔가지들과 이파리들까지 풍성하게 담았습니다. 한 권 한 권 이어 가다 보면, 명리라는 늠름한 나무가 완성되리라 생각합니다.

감사할 분이 많습니다. 〈현묘의 사주명리〉 강의에 함께해 준 1기 갑자·을축반, 2기 병인·정묘·무진반, 3기 기사·경오반, 4기 임신·신미반 여러분께 감사의 마음을 전합니다. 강의를 녹취해 준 백민우·정하림 님, 고맙습니다. 특히 강의 개설을 적극 추천하고 이끌어 준 철공소닷컴 강헌 대표님, 최소원 부사장님께 감사의 인사를 올립니다.

뜨거웠던 강의의 열기가 멀리 가닿기를 바라며,
봄밤의 환희를 담아 여러분을 명리 연구에 초대합니다.

차례

책을 내며 5

1강. 명리란 무엇일까

- 갑진년, 갑진의 의미 　　　　　　　　　　　13
- 사주 상담가 　　　　　　　　　　　　　　16
- 철학은 무엇일까 　　　　　　　　　　　　24
-   마침내 만난 명리 　　　　　　　　　　　　32
- 왜 명리를 공부해야 할까 　　　　　　　　　41

수강생 질문 48

2강. 사주의 전제와 명리의 태동

- 사주가 같은데 인생은 왜 다를까 　　　　　53
- 사주는 통계일까 　　　　　　　　　　　　59
- 명리의 전제 　　　　　　　　　　　　　　62
-   시작이 미래를 결정한다는 근거 　　　　　66

- 분절된 시간이 의미를 가진다는 근거　　　　　　　　71
- 기후가 바뀌면 사주도 바뀔까　　　　　　　　　　74
- 계절은 가깝고, 태양은 멀다?　　　　　　　　　　82
- 명리와 역학은 어떻게 다를까　　　　　　　　　　87
　간지의 기원　　　　　　　　　　　　　　　　　91
- 《주역》은 무엇일까　　　　　　　　　　　　　100
- 《주역》의 단짝은 타로　　　　　　　　　　　　107
- 명리와 점은 어떻게 다를까　　　　　　　　　　111
- 음양오행의 기원　　　　　　　　　　　　　　　115
　절기와 간지는 언제 시작되었을까　　　　　　　119

수강생 질문 123 ● 문제 풀기 128

5강. 음양오행

- 음양은 무엇일까　　　　　　　　　　　　　　　135
- 사물의 속성이다!　　　　　　　　　　　　　　　140
- 양의 본질　　　　　　　　　　　　　　　　　　144
　음의 본질　　　　　　　　　　　　　　　　　149
- 음양 관계인 것들　　　　　　　　　　　　　　　152
- 음양으로 보는 하루와 계절　　　　　　　　　　159
- 노자의 유무와 음양　　　　　　　　　　　　　　162

- 오행은 무엇일까　　　　　　　　　　　　　　166
  - 목　　　　　　　　　　　　　　　　　　170
- 화　　　　　　　　　　　　　　　　　　　175
- 토　　　　　　　　　　　　　　　　　　　180
- 금　　　　　　　　　　　　　　　　　　　185
- 수　　　　　　　　　　　　　　　　　　　188

수강생 질문 193 ● 문제 풀기 200

4강. 오행의 상생상극과 천간 개관

- 상생　　　　　　　　　　　　　　　　　　207
- 생의 종류　　　　　　　　　　　　　　　　210
- 생의 완성과 순환　　　　　　　　　　　　　218
  - 극　　　　　　　　　　　　　　　　　　221
- 극의 종류　　　　　　　　　　　　　　　　225
- 극의 완성과 순환　　　　　　　　　　　　　234
- 왜 사행이 아니라 오행일까　　　　　　　　　238
- 천간　　　　　　　　　　　　　　　　　　　242
  - 갑목과 을목　　　　　　　　　　　　　　245
- 병화와 정화　　　　　　　　　　　　　　　250
- 무토와 기토　　　　　　　　　　　　　　　253

- 경금과 신금 257
- 임수와 계수 261

수강생 질문 264 ● 문제 풀기 266

주 271

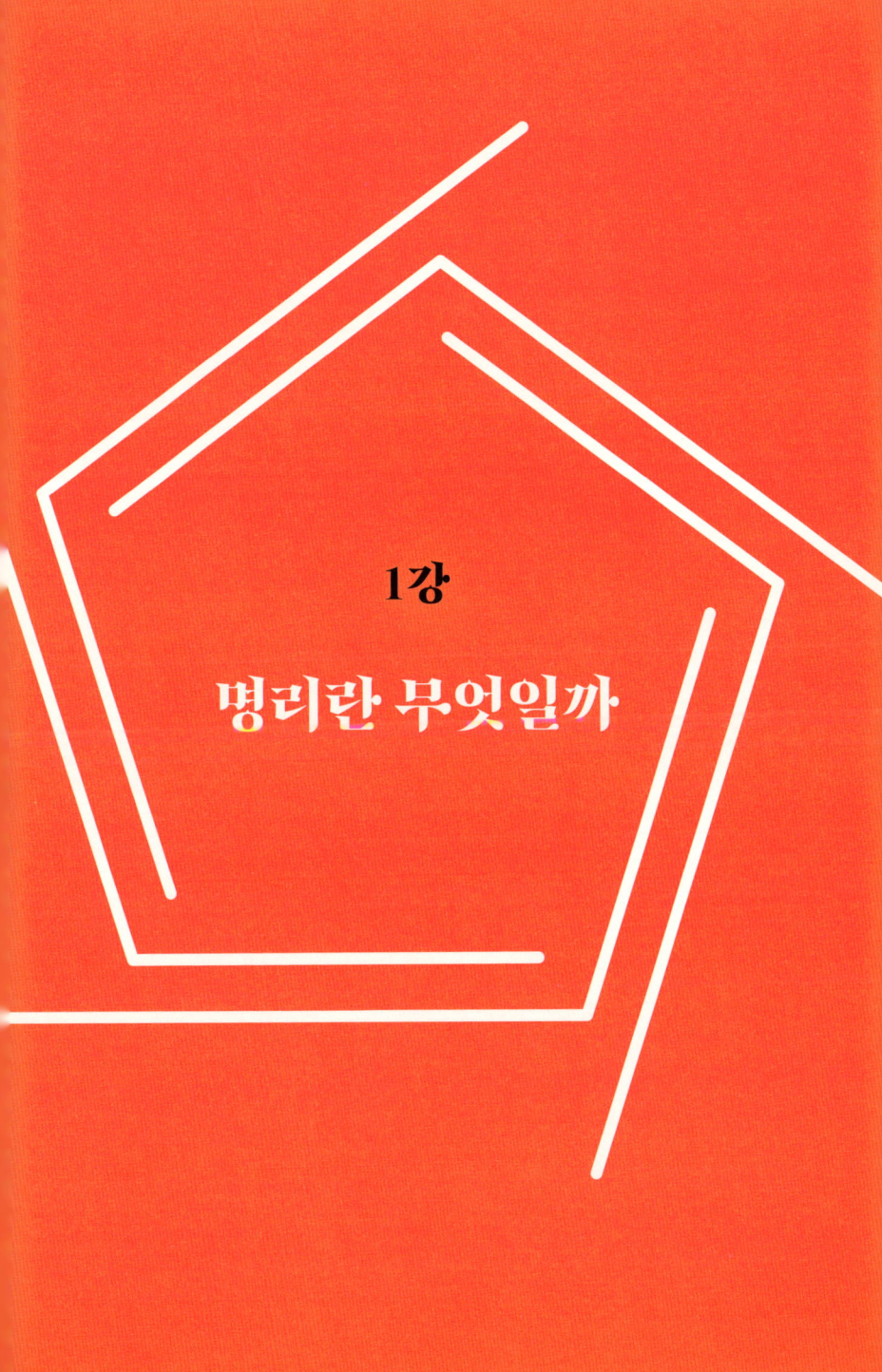

1강

명리란 무엇일까

갑진년,
갑진의 의미

명리에서는 입춘이 지나면 해가 바뀐다고 합니다. 입춘이 올해 2월 4일이었잖아요. 오늘이 2월 20일이니까 해가 바뀌었네요. 갑진년甲辰年입니다. 갑진은 갑목과 진토의 조합으로 구성이 되어 있습니다. 보통은 갑이라고 하지만, 명리에서는 갑에다가 오행을 덧붙여서 '갑목'이라고 합니다. 지지도 마찬가지예요. 그래서 진을 '진토'라고 합니다.

갑진의 의미

갑진년에서 먼저 갑목의 의미부터 말씀드릴게요. 천간 10개가 있습니다. 갑을병정무기경신임계甲乙丙丁戊己庚辛壬癸입니다. 이 천간 10개 중에서 마지막에 있는 계수가 하는 역할은 모든 것을 응축하고 수렴하는 것입니다. 시간으로 치면 아주 어두운 시간(밤)으로 볼 수 있습니다. 천간의 기운은 계수에서 완전히 종결되는 것이 아니라 다시 처음인 갑목으로 연결됩니다. 끝인 계수가 시작인 갑목으로 연결되어 한 바퀴 천간의 흐름이 완성되는 것입니다.

갑진이 무슨 의미인지 하나씩 풀어 보겠습니다. 명리는 결국, 의미 부여를 어떻게 하느냐의 게임이거든요.

갑목은 새로운 것을 잉태하는 시간을 의미합니다. 다시 시작하는 것입니다. 어둠을 뚫고 여명이 밝아 오는 시간을 의미합니다. 여기서 더 나아가면 부정성에서 긍정으로 나아가는 그 첫발을 바로 갑목으로 볼 수 있습니다. 그래서 갑진년은 새로운 것에 도전하기에 아주 좋은 시간입니다. 갑목을 맞이해서 새로운 나로 다시 태어날 수 있는 거죠.

다음은 갑진년의 지지인 진토의 의미입니다. 진토는 오행으로 보면 토예요. 토는 땅을 상징합니다. 땅은 만물의 터전이자 든든한 버팀목으로 볼 수 있습니다. 토 중에서도 진토는 많은 다양한 것을 아우르는 힘을 가지고 있습니다. 봄의 땅이죠. 봄은 많은 생명이 가능성을 품고 자라나기에 좋은 환경이니까요. 이를테면 나무를 키우기에 아주 좋은 기름진 땅이 진토입니다. 여기서의 나무는 바로 갑목입니다. 갑목인 나무를 키우기에 아주 좋은 땅이 진토죠.

갑목과 진토를 조합하면 갑진이 됩니다. 하늘에는 갑목이, 땅에는 진토가 있습니다. 갑진년은 시작의 의미를 지닌 갑목이 진토의 땅에 우뚝 서 있는 것을 의미합니다. 새롭게 시작하기에 아주 좋은 시간이죠.

저는 해마다 제 블로그 〈안녕, 사주명리〉에 일주별로 신년 운세 올리는 작업을 하고 있습니다. 갑진년은 시작의 의미를 띠고 있어 일주별 신년 운세에서도 "새롭게 한번 시작해 보세요", "새롭게 한번 도전해 보세요"라는 메시지를 많이 담았습니다. 갑진년이기 때문에 그렇습니다.

그런데 갑진의 시작은 일시적인 의미의 시작이 아니에요. 잠깐 나아갔다가 꺼져 버리는 그런 시작이 아니라 멀리 10년, 20년, 30년을 위해 새롭게 시작하는 것을 의미합니다. 진토가 위에 있는 갑목에게 많은 힘과 에너지, 양분과 수분을 부여하고 있기 때문이죠.

사주 상담가

저는 전남대학교 사범대학 국어교육과를 졸업했습니다. 졸업 후에 뭘 했을까요. 10년 넘게 광주, 전남 지역에서 중고등학교 국어 교사로 일했습니다. 어렸을 때부터 소설가가 되고 싶었습니다. 그 꿈을 이루기 위해 대학원에서 소설 창작을 배우면서 석사 학위도 받았습니다. 그리고 원광대학교 한국문화학과 사주명리 전공 박사 과정을 수료했습니다. 지금은 〈현묘의 사주명리〉라는 강의명으로 수강생을 모집해 강의하고 있습니다.

저희 가족은 새해 첫날에 1년간 모은 저금통을 뜯어 서점에 갑니다. 올해도 그랬습니다. 아내와 아이들이 책을 고르는 동안 저도 돌아다니면서 살 책을 살펴보았습니다. 그러다 《허삼관매혈기》를 쓴 위화 작가의 신작 《원청》을 발견했죠. 앞부분에 이런 글이 있었습니다.

"천만금의 재산을 가진 것보다 얄팍하더라도 기술을 가진

게 낫지." 재산을 잃은 뒤 린샹푸는 그 말을 자주 떠올렸다. 생각할수록 일리가 있는 듯했다. 아무리 재산이 많아도 탕진할 수 있다. 예나 지금이나 주변에 그런 예가 많았다. 인생에서 화복을 예측하기란 얼마나 어려운가. 그래도 기술이 있으면 재앙을 복으로 돌릴 수 있고, 어떤 상황에서든 기술은 탕진될 리 없었다.[1]

저는 이 문장이 마음에 들었습니다. 명리 수업을 진행할 때 제 마음이 딱 이 어머니 마음 같기 때문이죠. 그렇습니다. 저는 이 책의 독자들이나 제 강의의 수강생 모두를 사주명리 '기술자'로 만드는 것이 목표입니다.

기술자라고 하니까 좀 불편한 감정을 느끼는 분들이 있을지 모르겠습니다. '명리는 마음인데, 왜 기술을 강조하지?' 하고 말이죠. 이런 분들에게 저는 블로그에도 쓴 것처럼 이렇게 말씀드리고 싶습니다.

(저는) 구루도 아니고, 스승도 아니고, 종교인, 철학자, 인문학자도 아닙니다.

오히려 저의 현재 위치를 가장 잘 정의할 수 있는 말은 위에서 나열한 멋있는 단어가 아니라 바로 직업훈련학교에서 기술을 가르치는 강사입니다. 사주를 공부하고 가르친다는 사람이 사주를 기술로 대하다니, 감히 기술이라는 말을 쓰다니, 참으로 통탄할 일이죠. 사주명리가 달성한 신성한 위업과

권위에 먹칠을 하는 천박하고 어리석은 태도로 보일 수 있습니다.

하지만 말입니다. 고기는 마음으로 잡는 것이 아닙니다. 낚시에 정신적인 가치, 수양의 의미를 부여할 수 있는 건, 고기가 잡혔을 때의 환희를 전제하기 때문입니다. 따라서 제대로 된 이론, 제대로 된 기술을 갖추지 못하면, 즉, 자기가 지금 하고 있는 말이 무슨 의미를 갖는지 모르면, 우연히 고기를 잡을 수 있을지언정, 절대 남에게 고기 잡는 법을 제대로 알려 줄 수는 없습니다.

제가 기술을 강조하는 이유입니다. 관법과 기술을 체계적으로 완벽히 익혀야 그다음 단계로 나아갈 수 있습니다.

사주를 공부할 때 사주는 철학이야, 종교야, 마음 공부야, 마음 수련이야, 이런 식으로 말씀하는 분이 많은데, 저는 기술자가 되어야 한다고 생각합니다. 사주를 배우려면 체계를 배워야 하고, 반복해서 숙달해야 되고, 다른 사람들과 논쟁하는 과정도 거쳐야 한다고 생각합니다. 사실 모든 배움이 이런 과정을 거쳐 이루어집니다. 그랬을 때 비로소 전문적인 어떤 기술을 갖춘 상담사가 될 수 있습니다.

관법 완벽하게 익히기

　재작년에 명리 교육 플랫폼인 철공소닷컴에서 제의가 왔습니다. 명리 강의를 해 달라고 했습니다. 사양했습니다. 저는 책 한 권 쓴 블로거일 뿐이라고 말씀드렸죠. 담당자분은 잘할 수 있으니 꼭 한 번 해 달라며 계속 설득했습니다. 해 달라, 못한다 하는 실랑이가 이어졌지요. 그러다 결국 수락하게 되었습니다.
　어떻게 준비를 해야 할까. 한동안 고민이 깊었습니다. 나는 명리 지식이 많은 사람인가? 아니다. 말을 유창하게 잘해서 명리를 흥미롭게 풀어낼 수 있는 사람인가? 아니다. 그럼 뭘 가르쳐야 하지? 제가 유일하게 잘할 수 있는 것이 하나 있었습니다. 상담입니다! 블로그에서 사연을 읽고 사주를 풀어 생각한 바를 조언해 드리는 일을 꾸준히 해 왔습니다. 저는 비교적 일관된 관법을 가지고 상담을 진행합니다. 관법은 사주를 해석하는 데 사용하는 고유한 관점을 말합니다. 사주를 바라보는 고유한 뷰죠.
　그래서 제가 상담할 때 쓰는 방법들을 그대로 알려 드리면 되겠다고 생각했습니다. 이를테면 제가 상담할 때 쓰는 방법론을 잘 전달하는 데 꼭 필요한 명리 이론만 소개하는 식으로요. 무수한 명리 이론을 모두 소개하는 것은 제가 바라는 바가 아닙니다.
　제 유일한 목표는 독자 여러분이 저와 똑같은 방법으로, 똑같은 관법으로 자신의 사주를 풀거나 상담을 할 수 있게 돕는 것입니다. 그러니까 여러분을 저와 똑같은 명리 상담가로 만드는 것이지요. 여러분은 저보다 더 잘하실 수 있고, 잘하시면 좋겠습니다.

 "여기저기를 전전하며 몇 년을 배웠지만 아직 사주를 못 풀겠어요."
 "유튜브나 블로그, 책을 통해 많은 명리 지식은 있지만 사주를 해석하는 건 어려워요."
 "내 사주는 좀 볼 줄 알지만 아직 다른 사람 사주는 모르겠어요."
 "우리 어머니는 사주 공부를 하셔서 사주를 잘 보시는데, 가족들 사주는 못 보세요. 가족들은 안 보인대요."
 "저는 사주를 3개월 배워서 바로 사주카페를 차렸습니다. 그리고 사주 카페를 3년간 운영했는데요, 운영은 잘되었는데 점점 자신이 없어지고 막연해요. 저만의 관법이 없는 거죠."

 명리를 공부하면서 많이 들었던 말입니다. 강의를 시작한 후 수강생분들과 만날 일이 있을 때 수업이 어떤지 물어보면 처음 명리를 접한 분들 반응은, 재밌다는 분들도 있지만 대부분은 '아직 잘 모르겠는데 그냥 따라가고 있다'입니다. 더러 너무 좋다고 하시는 분들도 있는데 이런 분들은 여기저기에서 많은 시간과 비용을 들여 사주를 오래 공부하신 분들이더라고요. 제가 일관되게 가르치는 것 같아서 그 점이 좋았다고 피드백도 주십니다.

사주에 대해 아는 사람은 정말 많습니다. 직간접적으로 사주를 활용해서 상담하는 분들이 30만 명이 넘는다고 하고요. 하지만 하나의 사주에 대해서 자신 있게 자신의 견해를 말할 수 있는가, 그 견해를 일관되고 체계적으로 설명할 수 있는가, 또한 누군가로부터 질문을 받았을 때 그 질문에 화내지 않고 논리적이고 일관되게 답변을 할 수 있는가, 마지막으로 자신이 어떤 이론을 말했다면 그 이론이 실제와 통합될 수 있는가, 이런 질문들에 답할 수 있는 분은 몇이나 될까요?

사주에 대해 아는 사람도, 전문가도 그렇게 많은데, 왜 제대로 가르칠 수 있는 사람은 드문 걸까요. 저는 오히려 많은 정보, 단편적이고 파편적인 사주 지식들이 이런 현상을 낳은 게 아닐까 하고 생각합니다. 이런 지식들을 여과없이 흡수하다 보면 하나의 일관된 관법을 가질 수가 없습니다. 어설픈 관법을 섣부르게 사용하면 여기에서는 이런 말, 저기에서는 저런 말 짜맞추기식 상담밖에는 못하게 됩니다. 엉터리 상담밖에 할 수 없다는 것이죠.

《나의 사주명리》를 내고 독자들에게 피드백을 많이 받았습니다. 상반된 의견이 많았습니다. 문예창작과의 은사님들은 오래 공부하고 학식이 높으신 분들인데도 "너무 어렵다"고 하셨습니다. 반면 '이런 기초적인 책을 쓰다니, 현묘 너무 수준이 낮네' 같은 상반된 서평도 있었습니다. 왜 어떤 분들에게는 아주 쉬운 책이 다른 분들에게는 어려운 것일까요. 명리에서 쓰는 용어와 체계가 너무 낯설기 때문이 아닐까 싶습니다. 낯섦이 걸림

돌이 된 것이지요.

명리가 어렵다는 생각을 넘어 명리에 입문한 분들은 아마추어 상담가를 준비합니다. 이분들께 물어봤습니다.

"사주를 풀 수 있나요? 이 사주에 대한 당신의 의견은 무엇인가요?"

그러면 보통 단편적인 이야기만 하세요. "도화살이 있네요", "역마살이 있네요", "사주에 충이 있네요" 하는 식이죠. 전문가는 아닌 겁니다. 전문가로 가는 과정은 아주 어렵습니다. 여기서 전문가는 자신만의 관점을 가진 분들을 말합니다.

전문 상담가가 되려면 어떻게 해야 할까요. 헤르만 헤세의 소설 《데미안》에서처럼 알을 깨고 나와야 합니다. 우리는 보통 자신의 경험을 통해 세상을 봅니다. 사주를 공부하다 보면 점점 더 이해의 폭이 넓어집니다. 마침내 자신이 갇혀 있던 알을 깨고 나오게 되고요. 이때에야 비로소 제대로 된 상담을 할 수 있습니다. 알을 깨고 밖으로 나와야만 객관적인 시선을 갖게 되고 그것으로 인간과 세상을 이해할 수 있게 되는 것입니다.

알을 깨려면 어떻게 해야 할까요. 여기저기를 두드려서는 절대 안 됩니다. 한군데만 집중해서 두드려야 합니다. 그것이 무엇일까요? 하나의 일관된 관법을 꾸준히 훈련하는 것입니다. 그러다 보면 어떤 능력이 생깁니까. 통찰력입니다! 통찰력을 바탕으로 어려움에 처한 사람, 고민이 깊은 사람들에게 적절한 조언을 해 줄 수 있습니다. 이것이 진정한 사주 상담입니다.

    제가 명리 수업을 하는 목적은 하나입니다. 하나의 관법을 완벽하게 익히게 하는 것, 그리고 관법을 실제로 적용하는 법을 익히게 하는 것입니다. 이 목적을 달성하기 위해 저는 독자분들이 관법을 익힐 수 있게 계속 반복할 겁니다.

철학은 무엇일까

 본격적으로 명리에 대해 말하기 전에 제가 어떤 계기로 어떠한 마음을 가지고 명리 공부를 시작했는지 말씀드리겠습니다. 명리의 어떤 것에 반했는지도요. 명리 공부를 해야 하는 이유도 말씀드리겠습니다.

> 철학의 시작은 곧 미토스, 즉 신화적 사고방식에서 로고스, 즉 이성적이고 논리적인 사고방식으로의 전환을 말한다.

 19세기 중반 독일 철학자 빌헬름 네슬Wilhelm Nestle이 자신의 책 《신화에서 이성으로Vom Mythos zum Logos》에서 한 말입니다. 철학의 시작이 무엇이냐는 질문에 이렇게 답했지요. 철학은 신화에서 이성적인 사고방식으로 바뀌어 가는 과정에서 시작된다는 의미입니다.

 여기서 신화적 사고방식은 무엇일까요? 상상한 것, 비자발적인 것, 자동으로 나타난 것, 그리고 무의식적인 토대에서 자연스럽게 피어나는 사고방식을 의미합니다. 그럼 로고스 즉, 논리적인 사고방식은 무엇일까요. 개념, 특정한 의도를 가지고 탄생한 것, 그리고 인간의 정교한 의식에 의해 분석되고 종합된 것입니다.

철학이 신화에서 이성으로 전환하는 과정에서 발생한 것이라면, 철학은 무엇입니까. 사유하는 것이죠. 논리적이고 합리적으로 따져 보는 것이라고도 정의할 수 있겠습니다. 신화적인 것, 상상한 것, 미신적인 사고방식에서 벗어나는 것, 그것이 바로 철학입니다!

그리스인 조르바

저는 20대 초반부터 이런 생각을 많이 했습니다.

> 내 삶을 상상과 신화에 맡기지 말자.

우리 삶을 상상과 신화에 맡기면 너무 행복합니다. 특히 미신이나 종교에 의지하면 아주 행복하죠. 왜일까요? 행복해지려면 어떻게 해야 할지 고민하지 않아도 되기 때문입니다. 생각하지 않고, 고민하지 않고, 오로지 어떤 대상, 신화적인 대상, 미신적인 대상, 종교적인 대상에 의지하면 되니 편하게 행복해질 수

니체

있는 것입니다. 저는 그런 행복은 진짜 행복이 아니라고 생각했습니다. 나만의 행복을 찾으려면 신화적인 모든 것, 상상하는 모든 것, 미신을 거부해야 한다, 끊임없이 현실적으로 고민해야 한다고 생각했습니다.

당시 저는 니체에 매혹돼 있었습니다. 니체는 자신의 철학을 발전시켜 가는 과정에서 '초인'이라는 캐릭터를 제시합니다. 초인은 어떤 사람일까요? 인간 정신의 한계를 극복한 인물입니다. 당대 유럽은 기독교 사회였습니다. 초인은 기독교에 근거한 윤리, 도덕과 계율에서 벗어나 자유롭게 사고하는 인간입니다. 자신의 사상을 대중에게 알리기 위해 노력하고요. 저는 이 초인에 반해 버렸습니다. 유한한 시간 속에서 정신을 최대한 단련해 행복을 이끌어 내고 싶다, 이끌어 내야 된다, 다른 것에 의지하지 말고 스스로 자유롭게 행복을 찾아나가야 한다고 생각했습니다. 그러다가 운명처럼 니코스 카잔자키스의 《그리스인 조르바》와 만났습니다. 조르바는 니체가 말한 초인이었습니다!

저는 조르바를 동경했습니다. 소설에서 조르바는 이렇게 말하지요.

> 내게 중요한 것은 오늘 이 순간에 일어나는 일입니다. 나는 나에게 묻습니다. 조르바, 지금 이 순간 자네 뭐 하는가. 잠자고 있네. 그럼 잘 자게. 조르바, 지금 이 순간 자네 뭐 하는가. 일하고 있네. 잘해 보게. 조르바, 지금 이 순간 자네 뭐 하는가. 여자에게 키스하고 있네. 조르바, 잘해 보게. 키스할 동안 다른 일은 잊어버리게. 이 세상에는 아무것도 없네.[2]

조르바는 당시 제가 꿈꾸던 자유인의 경지를 보여 주었습니다. 조르바는 광산 채굴 기술자인데, 하루 일하고 사흘은 와인 마시고 많은 여자들과 데이트를 했습니다. 자유분방하게 살았죠. 하루하루의 삶을 만끽하는 진정한 자유인의 모습을 보여 주었습니다. 무엇보다 조르바가 멋있었던 것은 도덕, 선악, 법, 제도를 모두 거부했다는 점입니다. 자신의 행복을 위해서라면 말이지요. 오로지 자신의 행복을 위해 순간순간을 향유했죠. 조르바는 생에 무한히 집착했고, 자유의 현신이었습니다. 저도 조르바 같은 사람이 되고 싶었습니다. 그런 갈망이 커질수록 슬퍼졌지요.

그 이유가 뭘까요? 저는 평범한 직장인이었습니다. 조르바는 지금으로 치면 최고의 IT 엔지니어일 것입니다. 연봉이 3~4억 원은 되지 않을까요. 그러니까 자유롭게 자기 욕구를 충족하는 데만 몰두하며 살 수 있지 않았을까 싶은 것입니다. 사실 거추장스러운 모든 것을 거부하고 오로지 행복을 위해 질주하는 삶은 상상 속에서만, 소설 속에서만 가능할지 모릅니다. 현실은 너무나 고되고 힘들었습니다. 저는 조르바처럼 살 수 없음을 인정해야 했죠.

노자

축 처져 지내던 어느 날, 운명적인 책과 만납니다. 바로 노자의 《도덕경》입니다. 무덤에 들고 갈 책을 한 권 고르라면 저는 이 책을 선택할 것입니다. 조르바는 무조건 눈앞의 행복, 긍정적인 것만 추구했습니다. 자신의 행복에 방해되는 건 모두 깨부수어 버렸습니다. 어린 날의 저는 그게 너무 터프하고 멋있어 보였던 거예요.

그런데 노자는 《도덕경》에서 다른 말을 합니다. '아니야, 부정적인 것에도 가치가 있어'라고 말이지요. 《도덕경》의 사상을 네 글자로 함축하면 유무상생有無相生입니다. 긍정적인 것과 부정적인 것이 조화를 이루었을 때 그 조화가 곧 우주의 근원이라는 말입니다. 긍정과 부정, 있는 것과 없는 것, 이것을 명리에서는 어떻게 표현하지요? '양'과 '음'입니다. 노자는 음과 양을 넘나들었을 때 진정한 통찰이 가능하다고 말하는 것입니다. 유와 무는 항상 함께 어우러져 있는 것이기에 부정이 곧 긍정이 되고, 긍정의 뒷면에 부정이 숨어 있다는 것입니다. 위대한 통찰이지요. 반대편에 있는 것들과 교류하고 조화를 이루는 것, 그것이 곧 《도덕경》에서 말하는 도입니다. 문양으로 이야기하면 태극이죠.

《도덕경》을 여러 번 읽었습니다. 몇 년 동안 책상에 이 책이 놓여 있었죠. 《도덕경》을 거듭 읽으면서 부정적인 것들의 역할을 다시 정립했습니다. 좋은 것만 추구한 조르바의 한계를 극복할 수 있었죠.

블로그 〈안녕, 사주명리〉를 시작할 때 필명을 현묘라고 지었습니다. 현묘는 《도덕경》 1장에서 가져온 말입니다. 《도덕경》에서 말하는 도를 함축한 단어죠. 검을 현玄에, 묘할 묘妙입니다. 여기서 검다는 것은 블랙의 의미가 아니라 어둠침침한 상태를 말합니다. 너무 희미해서 잘 파악이 안 되는 경지를 이릅니다. 묘는 묘할 묘니, 현묘를 정리하면, 너무 희미해서 잘 파악이 안 되는 묘한 경지를 뜻합니다.

조선 최고의 풍속화가 김홍도가 그린 〈노자출관도老子出關圖〉가 있습니다. 노자가 소를 타고 함곡관을 나서는 모습을 묘사한 그림이지요. 노자는 도가에서는 사상가이지만, 도교에서는 신선입니다.

김홍도의 〈노자출관도〉

　신선이 되려면 어떻게 해야 할까요. 저는 《도덕경》을 거듭 읽는 것이라고 생각했습니다. 한동안 《도덕경》을 옆구리에 끼고 다녔습니다. 심지어 '전라도에서 나보다 《도덕경》을 잘 아는 사람은 없어부러!' 할 정도로 심취해 있었어요. 나는 삶과 죽음, 인생의 진리, 우주와 자연의 법칙을 깨닫고 진짜 자유의 경지에 올랐다, 이제 나는 진짜 도사가 되었다고 자부하던 것이 30대의 접니다.

　사실 그 시기 저는 직장에서 엄청 스트레스를 받고, 막 결혼해서 육아까지 해야 하는 상황이었습니다. 나는 철학을 공부했고, 마음은 초인이고 도사고 신선인데, 너무 이상한 거예요. 직장에서, 인간관계에서, 육아 과정에서 매일 전투를 벌이고 있는 것 같았거든요. 특히 아내와는 육아 문제를 놓고 정말 매일 싸우다시피 했습니다. 아이 키우는 일이 얼마나 힘듭니까. 여성들은 더 힘들죠. 이런 현실에서 전 뭘 했죠? 도사인 체하면서 책만 읽고 있었던 겁니다. 집 안은 엉망이 되어 있고, 아내는 힘들다고 하는데, 저만 《도덕경》을 읽으며 편한 상태였던 것이죠.

그날도 소파에 앉아서 《도덕경》을 읽고 있는데 방에서 나온 아내가 버럭 화를 내는 겁니다. 제가 화장실 청소를 하기로 했는데 한가하게 책을 읽고 있으니까요. 우주의 진리를 다 알았는데 현실의 삶은 점점 더 수렁으로 빠지고 있었던 것입니다. 오히려 《도덕경》을 읽은 것이 독이 된 셈이죠.

마침내 만난 명리

어디서부터 어떻게 잘못된 걸까.
《도덕경》 전문가인 최진석 교수님이 쓴 책을 읽고, 《도덕경》을 통해서는 현실적인 길이 안 보이니 《주역》에는 답이 있나 싶어 교수님께 메일을 썼습니다.

> 교수님, 교수님 책을 보니까 《주역》에 대한 설명이 나오던데 혹시 《주역》에 입문하기에 적절한 책을 알려 주실 수 있을까요?

교수님과는 일면식도 없는 관계였습니다. 책 앞날개에 이메일 주소가 있기에 보낸 것이죠. 일주일쯤 지나 답장이 왔습니다. 편지를 열기 전 설렜습니다. 드디어 《주역》 공부를 해서 진짜 도사가 될 수 있겠구나 하면서 기대했던 것이죠.
그런데 답장은 딱 두 줄이었습니다.

《주역》분야의 독서량이 많지 않습니다.
저의 부족함을 널리 이해해 주시기를 부탁드립니다.

정말 멋있죠. 소크라테스가 뭐라고 말했습니까? "나는 아는 것이 없다." 거기서부터 진짜 앎이 시작되잖아요. 교수님은《주역》에 관한 책 몇 권을 추천해 줄 수도 있었을 텐데 독서량이 많지 않다고 말씀하셨습니다. 진정한 학인이자 대가의 답변이었다고 생각했습니다. 물론 저는 원하는 답을 얻지 못해 본격적으로《주역》공부를 시작하지 못했습니다. 하지만 이러한 과정을 거치면서 여러 가지 질문을 던지며 성장할 수 있었습니다.

'나는 철학자의 마음을 가졌는데 왜 현실에서는 늘 불행할까?'
'왜 자유로운 정신을 가졌는데도 매일 쩔쩔매는 걸까?'

이런 질문을 하면서 깨달았습니다. 니체도 조르바도 노자도 내 앞에 놓인 현실적인 문제는 하나도 해결해 주지 못한다는 사실을 말입니다. 철학은 아내, 자식, 친구, 부모와의 관계를 풀 방법도, 현실에서 벌어지는 문제를 해결할 방법도 알려 주지 못했습니다. 철학은 기본적으로 인간의 정신 활동, 즉 관념을 쌓아 올린 층계이기에 한계가 명백했던 것입니다.

회의감에 사로잡혀 있던 그 무렵 우연히 도서관에서 명리 책을 접했습니다.《도덕경》사상의 총체는 유무상생이라고 했습니다. 명리의 기본은 뭐죠? 음양의 상생상극相生相剋입니다. 상생상극이란 서로 조화를 이루고 충돌하는 일을 말합니다. 유무상생과 비슷합니다. 명리는《도덕경》에서 한발 더 나아갑니다. 현실에 대한 이야기를 합니다. 명리는 한 사람 삶의 길흉화복을 다루니, 저로서는 빠져들지 않을 수 없었습니다. 미친 듯이 명리 책에 빠져들었습니다. 명리를 공부할수록 이런 생각이 머릿속에서 맴돌았습니다.

> 명리는 고고한 철학을, 하늘에 떠 있는 것들을 현실로 연결해 주는 아주 소중한 징검다리다. 다른 것들이 하지 못한 것을 명리는 해냈다.

명리에 반한 이유

저는 왜 명리에 반했을까요?

첫 번째, 명리는 오직 살아 있는 인간의 삶만을 다룹니다. 신화, 상상적인 사고방식을 과감하게 벗어던집니다. 명리가 철학이 될 수 있는 이유이지요. 신화, 상상, 사후 세계를 명리는 다루지 않습니다. 지금 살아 숨 쉬는 인간이 명리의 대상입니다. 중국인 특유의 실용적인 사고방식이 반영된 것이지요.

"사주는 미신 아닌가요?"

자주 듣는 오해죠. 요즘에는 인식이 많이 개선되었지만 제가 막 명리를 공부할 때만 해도 이런 시각이 흔했습니다. 이런 분들에게 저는 오히려 이렇게 반문하고 싶습니다.

"종교에는 내세관이 있는데, 그것이야말로 미신 아닌가요?"

모든 종교가 가지고 있는 신념 체계가 내세관입니다. 내세관來世觀은 쉽게 말하면, 인간이 죽으면 영혼이 특정한 상태에 놓이게 된다고 가정하고, 이 특정한 상태를 상상으로 꾸며 낸 세계관입니다. 눈앞에 펼쳐진 인간의 삶을 벗어나 상상으로 빚어낸 내세관에 기반한 종교가 미신입니까, 눈앞의 현실적인 문제를 해결하기 위해 논리적 사고 체계에 기반한 명리가 미신입니까. 더 깊게 들어가면 이런 질문도 가능합니다. 당신은 종교와 미신을 엄밀히 구분할 수 있습니까? 신화라는 바탕에 또아리를 튼 모든 사상의 가치를 구분하고, 우열을 판가름하는 것은 불가능합니다. 내 종교는 옳고 선하며, 네 종교는 그릇되고 악하다는 도덕적인 가치 구분만 가능할 뿐이죠.

명리의 가장 큰 매력은 다루는 대상이 남루하고 보잘것없는 현실을 살아가는 바로 나라는 점입니다. 위대한 정치인, 잘나가는 기업인, 멋진 연예인이 아니라는 것이죠. 그동안 내가 주제가 되는 학문, 철학이 존재했습니까? 철학에서 '나'라는 용어가 정말 많이 나오지만 그 나는 관념적인 나죠. 하지만 명리에서 나는 진짜 나예요. 사주팔자를 가진 나. 명리 책을 펴는 순간 주인공이 누가 됩니까? 나입니다. 명리 책을 보는 이유가 무엇입니까? 위대한 철학적 통찰을 얻고 싶은 마음도 있지만 그보다는 먼저 나의 사주를 알기 위해, 나의 사주를 풀기 위해서입니다. '개인의 발견' 시대에 가장 잘 어울리는 학문이자 철학이 명리입니다. 명리의 세계에서는 순전히 내가 주인공입니다.

명리의 주제가 나이다 보니 재미있는 현상도 벌어집니다. 명리 동호회나 스터디 모임에 나가면, 처음 만나는데도 10년, 20년 지기 친구들보다 더 깊은 이야기를 나눌 수 있습니다. 명리의 주제가 나 자신이기 때문에 가능한 일이죠. 내 이야기를 팔자라는 도구를 통해 쉽게 꺼낼 수 있는 것입니다. 아주 자연스럽게 대화하면서 공감하고 치유할 수 있게 되는 것입니다.

명리에 반한 두 번째 이유는 좀 더 현실적인 것입니다. 명리를 바탕으로 세상을 바라보면 모든 문제를 해결할 수 있습니다. 명리를 공부한다고 하면 잘 어울린다는 분이 있는가 하면, 좀 무섭고 이상해 보인다는 분도 많았습니다. 어떤 친구들은 '명리는 통계학이잖아. 그러니까 어느 정도 맞는 부분도 있겠지' 하며 심드렁한 반응을 보이기도 했고요. 이 또한 흔한 반응이죠. 명리는 미신이고 심지어 사기니까 멀리하는 것이 맞는데, 한편 어떤 부분은 맞기도 하니 또 완전히 부인할 수 없는 노릇인 섭니다. 통계적인 데이터가 쌓인 거라서 무시할 수만은 없다고 결론을 내리는 거죠. '명리는 통계학이니 어느 정도 인정해 줄 수도 있어!'라고 봐주는 겁니다.

명리는 통계학이 아닙니다. 통계적인 방법론 즉, 숱한 자료를 모아서 원리를 유추해 내는 학문이 아닙니다. 명리는 원리학입니다. 음양오행의 상생상극이라는 원리를 모든 인간의 삶에 적용하는 방법론, 그런 인식 틀이 명리입니다. 원리만 알면 천 가지, 만 가지에 적용할 수 있습니다. 돈은 언제 많이 벌 수 있나요, 언제 좀 집안이 평온해질까요, 결혼은 언제 하는 게 좋나요, 저에게 어울리는 사람은 누구죠, 저에게 어울리는 직업은 뭐죠, 언제 새로운 일에 도전하는 것이 좋은가요, 언제 일을 그만두는 게 좋을까요 등등 모든 경우에 적용할 수 있습니다.

인간 삶의 모든 경우에 적용할 수 있다는 것이 《도덕경》과 명리를 가르는 큰 차이점입니다. 인문학, 철학과도 변별해 주고요. 예를 들어 고등학생 조카 성적이 전교 1등입니다. 당연히 의대에 갈 줄 알았던 조카가 철학과에 가겠다고 선포합니다. 명절에 만난 조카에게 어떤 말을 하고 싶으신가요? "네 선택을 존중한다"는 말보다는 "야, 이놈아, 네 엄마가 얼마나 고생을 했는데 철학과? 잔말 말고 의대 가! 철학인가 머신가는 의사 돼서 취미로 하면 되지. 엄마 아빠 속 좀 그만 썩이고 정신 차려! 알았어?!"라는 말이 먼저 튀어나오지 않을까요.

우리 모두 알고 있습니다. 철학 공부가 좋은 공부라는 사실을 말이죠. 그런데 왜 온 가족이 달라붙어 뜯어말리는 것일까요? 철학은 아무리 열심히 공부해도 돈을 잘 벌기 어려우니까요. 왜 철학 공부가 돈이 안 될까요? 왜 인문학을 공부하는 분들은 평생 가난을 각오해야 할까요? 철학, 인문학은 당장 현실에서 쓸 수 있는 학문이 아니기 때문이죠.

하지만 명리는 인문학이면서 실용적인 '도구'입니다. 명리는 원리 자체에 초점을 맞추는 것이 아니라 원리를 활용하는 데 초점을 맞춥니다. 어떻게 적용할 것이냐를 다룹니다. 이 때문에 명리는 개인의 삶을 구체적으로 개선하는 훌륭한 도구가 될 수 있습니다. 공부가 깊어질수록 나의 현실에서 쓸모가 있고 타인에게 현실적인 조언도 할 수 있습니다. 명리는 우리 삶의 다양한 문제 해결에 최적화된 원리 학문이자 실용 학문이기 때문에 배운 만큼 내 삶에 도움이 됩니다. 철학적 통찰과 실용적 쓰임, 경제적 효용까지 모두 포괄할 수 있는 유일한 공부가 명리입니다.

명리에 반한 세 번째 이유는 명리의 모든 결론에는 근거가 있다는 것입니다. 근거 없이 결론만 말하는 상담가는 사기꾼이거나 공부가 덜된 사람입니다. 사주를 보러 철학관에 가면 반드시 물어봐야 합니다. "근거가 뭐예요?" 세세한 부분까지 꼬치꼬치 캐묻는 것은 내담자로서 가져서는 안 될 태도입니다. 하지만 도출된 명리적인 결론에 대한 근거를 물어보고, 그 근거를 심사숙고하는 과정은 필요합니다. 그래야 명리에서 제시하는 방향성에 대해 스스로 확신을 가질 수 있습니다.

'근거'가 명리의 핵심이라는 점을 기억해야 합니다. 정리하면, 명리는 뭐다? 철학이다, 신화가 아니라 이성이다, 논리적인 사고방식이다, 모든 명리적 판단에는 명백한 근거가 있다, 입니다. 일관된 근거를 바탕으로 논리적으로 사고하는 것을 철학이라고 합니다. 근거를 바탕으로 논증하고, 반론을 제기하는 사고 과정은 과학이라고 합니다. 20세기 영국의 과학철학자 칼 포퍼 Karl Popper가 "과학은 반증하는 과정을 통해 발전한다"고 말한 데서도 알 수 있는 일이죠.

명리는 철학을 하는 것이자, 과학을 하는 것입니다. 명리적 결론이 잘 맞아떨어져서 "사주는 과학이야!"라고 감탄하는 것이 아닙니다. 명리는 결론을 도출하는 과정이 논리적이고 근거를 바탕으로 하기 때문에, 또한 반론을 거듭하며 발전해 왔기 때문에, 명리적 사고방식을 과학적이라고 말할 수 있는 것입니다.

대한민국은 세계에서 가장 철학을 좋아하는(?) 나라입니다. 동네마다 철학관이 즐비하기 때문이죠. 저는 철학이라는 말을 함부로 써서는 안 된다고 생각합니다. 철학을 간판으로 내걸 때는 더욱더 신중해야 합니다. 요즘 사주 대신 명리학이라는 말이 자리 잡고 있는데, '학'이라는 단어를 쓸 때에도 그 무게를 느끼고 책임감을 가져야 합니다. 학자라면, 철학자라면, 심지어 철학관을 운영한다면 스스로의 말에 논리적이고 타당한 근거를 댈 수 있어야 합니다. 또한 내담자의 질문에 일관된 논리로 답변할 수 있어야 하고, 스스로의 관점에 대해서도 끊임없이 반론을 제기하며 의문을 품어야 합니다. 일관된 논리를 바탕으로 남에게 설명할 수 있고, 가르칠 수도 있어야 합니다.

만약 내담자가 질문을 했는데 화를 내거나, 근거를 알려 주지 않거나, 덕담과 훈계 위주로 마무리하려고 한다면 명리학자, 철학자라고 불러서는 안 됩니다. 점술가(점쟁이), 도사라는 명칭

이 훨씬 잘 어울리겠죠. 앞으로 일관된 근거를 댈 수 있는지를 기준으로 삼아 명리학자와 점술가를 구분하면 좋겠습니다.

왜 명리를
공부해야 할까

이제, 명리를 왜 공부해야 하는지 말씀드리겠습니다.

첫 번째, 나를 이해하기 위해서입니다. 도구를 통해 자신을 봐야 제대로 실체를 알 수 있습니다. 사주팔자, 이 여덟 글자는 나를 비추어 주는 거울입니다. 사주팔자라는 거울을 통해서 진실된 자신을 만나는 겁니다. 사주를 본다는 것은 제3의 눈으로 나를 관찰하는 활동이기 때문에 그 자체로 객관성을 확보할 수 있습니다.

MBTI와 사주의 다른 점

MBTI와 사주의 차이가 뭘까요? MBTI의 검사 방식은 자기 보고형입니다. 주어진 것은 하나도 없고 다 내가 선택하는 것이지요. 심지어 내가 바라는 모습을 선택하기도 합니다. 이상적인 나를 상상한 후에 질문에 답변하는 과정에서 현실의 나와는 다른 인격을 만들어 내는 분들도 있습니다. 사주팔자는 어떤가요? 여러분이 선택하셨나요? 신미 일주, 경오 일주, 갑진 일주 고르셨습니까? 우리는 하나도 선택하지 않았습니다. 폭력적으로 느껴질 만큼 사주는 우리 의사와 무관하게 그냥 주어진 것이지요. 그런데 달리 생각하면 우리가 고르지 않았기 때문에 오히려 객관적입니다. 나를 제대로 비추어 주는 오염되지 않은 거울이 될 수 있는 겁니다.

사주팔자를 보면 객관적으로 내 장점을 알 수 있기 때문에 효율적으로 미래를 설계할 수 있습니다. 취미, 학과, 직업을 선택할 때 도움을 받을 수도 있어요. 장점만큼 나의 단점을 아는 일이 중요하죠. 명리는 단점도 알게 해 줍니다. 단점을 알아서 뭐에 쓰느냐는 분들도 있을지 모르는데, 단점을 알면 스스로를 용서할 수 있습니다. 내가 진짜 못나서 자꾸 똑같은 잘못을 반복하는 줄 알았는데 그게 아니었던 겁니다. 사주에 특정한 기운이 너무 넘쳐 그 부작용이 드러났던 것이죠. 명리를 공부하면 내 사주에 이런 기운이 많아서 그랬던 거였구나 하고 자신을 안아 주고, 사랑할 수 있습니다. 감추고 싶었던 단점을 사주팔자를 통해 투명하고 명확하게 확인하면서 단점을 개선하고 극복해 나갈 기회도 얻습니다. 정확히 알아야 고칠 수 있으니까요.

나와 타인을 이해하게 하는 도구

　명리를 공부해야 하는 두 번째 이유는 명리를 공부하면 주변인을 이해할 수 있기 때문입니다. 나의 행복을 결정하는 것은 나 자신이 아닙니다. 나와 가장 가까운 사람들이 행복을 결정합니다. 대표적으로는 가족이죠. 가족과의 관계를 푸는 것이 행복의 지름길입니다. 가족은 모순적인 존재예요. 가장 크게 갈등하면서도 협력할 수밖에 없는 사람들이니까요. 가족은 버릴 수가 없어요. 함께 살아야 돼요. 협력해야 합니다. 그런데 가족은 가장 큰 갈등을 안겨 주는 존재예요. 원수라고도 볼 수 있죠. 원수랑 협력하면서 한 집에서 살아야 하고, 같은 침대에서 자야 하니까 그 자체가 모순인 거예요.

　명리를 공부하면 가족들의 단점을 파악할 수 있어 갈등 요소를 줄일 수 있습니다. 저도 큰 도움을 받았습니다. 결혼 전에 대학원 교수님과 맥주를 한잔했어요. 아내도 동문이어서 동석했죠. 교수님이 그러시더군요. 부부 싸움 천 번은 해야 사이가 원만해진다고요. 저는 모든 부부는 신혼 때 잠깐 갈등하고는 평생 즐겁게 살아가는 줄 알았어요. 결혼 생활을 너무 이상적으로 생각했던 거죠. 결혼한 후에야 교수님이 왜 그런 말씀을 하셨는지 알겠더라고요. 상대방은 저와 너무 달랐고, 서로를 이해하는 것은 쉽지 않았습니다. 명리를 공부한 이후에는 이전보다 여유 있고 너그러워졌습니다. 제 사주를 본 것도 있지만 아내의 사주를 알았기 때문입니다. 아내를 이해하게 되고, 모순을 받아들일 수 있게 되었습니다. '이 사람이 태어나길 그렇게 태어났구나'고 생각하면 상대방의 성향을 받아들이게 되고, 상대방이 악의를 가진 것이 아님을 깨닫게 됩니다. 다름을 상대방의 매력으로 받아들일 수 있게 되고요.

부부 관계뿐이 아닙니다. 부모와 자식 간에도 사주를 주제 삼아 대화하면 할 말이 아주 많습니다. 대화가 끊이질 않죠. 가족이 함께 사주를 배우면 정말 친해질 수 있습니다. 관계가 좋아질 수 있고요.

명리가 필요한 시대

명리를 공부해야 하는 세 번째 이유는 시대가 원하기 때문입니다. 전 세계가 24시간 365일 쉬지 않고 무한 소통을 하는 시대입니다. 유튜브 쇼츠를 한번 보기 시작하면 한 시간이 후딱 지나가 버리죠. 성인, 아이 할 것 없이 모두 유튜브, 인스타그램, 페이스북, 카카오톡 등에 빠져 살고 있습니다. 소통의 홍수입니다. 손가락을 몇 번 움직이면 20년 전 친구도 금방 찾아낼 수 있죠. 하지만 진짜 친구를 찾기란 쉽지 않습니다. 스마트폰 안에 친구는 3천 명이 넘는데 일과를 끝내고 허심탄회하게 소주 한잔 기울일 친구는 없어요. 군중 속의 고독, 풍요 속 빈곤이죠.

콘텐츠 또한 넘쳐나고 있습니다. 장점도 많지만 단점도 있죠. 가장 큰 단점은 생각할 시간을 주지 않는다는 것입니다. 정신이

기술이 아무리 발전해도 사람에게 필요한 건 사람이다.

피폐해집니다. 많은 콘텐츠를 소모, 소비하는데도 헛헛하고요. 정보는 많지만 나의 길을 찾기란 쉽지 않습니다. 갈증이 생기죠. 우리는 기다립니다. 대화할 사람, 길을 알려 줄 사람을요. 의미 없는 정보를 나한테 쏟아붓는 사람이 아니라 내 말을, 내 개인적인 감정을 들어줄 사람이 필요한 것입니다. 반드시 사람은 사람과 만나서 대화를 해야 됩니다. 고민을 진지하게 들어줄 사람이 필요해요. 인터넷을 떠도는 정보가 아니라 나의 이야기를 들어줄 사람 말입니다. 내 마음을 치유할 시간이, 그런 도구가 현대인에게는 필요합니다.

명리는 자신을 돌아보는 거울이자, 상대방을 이해하게 하는 소중한 도구입니다. 이 도구를 통해 우리는 진정 의미 있는 대화를 할 수 있습니다. 진실 어린 소통을 할 수 있고, 치유와 상담의 소중한 기회도 얻을 수 있습니다. 명리는 미래의 길흉을 예측하는 마법과 미신의 지팡이가 아니라 현대인의 지친 마음을 위로하고 깊은 대화와 성찰을 가능하게 하는 상담의 도구입니다. 시대가 원하는, 현대인의 갈증을 해소할 맑고 깊은 오아시스가 바로 명리입니다.

데모크리토스Democritos라는 철학자가 있어요. 고대 그리스 철학자입니다. 소크라테스와 비슷한 시기에 활동했습니다. 데모크리토스가 아주 재미있는 말을 했죠.

"나는 페르시아 왕국을 얻기보다 하나의 원인을 찾아내기를 더 원한다."

삶에서 가장 중요한 것이 돈과 명예를 얻는 것이 아니라 우주와 자연과 인간을 꿰뚫을 수 있는 하나의 원인을 찾아내는 일이란 것입니다. '원리'를 찾고 싶어 한 것이지요.

지구에서 절대 변하지 않는 것이 있습니다. 운행 규칙입니다. 명리는 어디서 비롯되었을까요? 절기입니다. 절기는 무엇에서 비롯됐죠? 지구의 운행 규칙입니다. 절대 변하지 않는 지구 운행에서 비롯된 유일한 학문이 명리입니다. 세상과 우주, 인간을 이해하는 객관적이고 합리적인 철학이 명리인 것입니다. 데모크리토스가 그토록 찾고 싶었던 원리를 우리는 이미 확보하고 있습니다. 명리라는 이름으로 말이죠. 세상과 인간을 이해할 하나의 틀을 가지고 있다는 것은 얼마나 행복한 일입니까. 행복하게 온 마음을 다해 명리를 공부하면 좋겠습니다.

수강생 질문

🔍 인공지능AI이 사주 풀이도 할 수 있을까요?

인공지능이 따라오지 못하는 인간의 능력이 있습니다. 맥락을 파악하는 것입니다. 인공지능은 표준화되어 있고 정리된 자료에서 의미를 발견할 수 있지만, 이를테면 고고학 연구를 수행할 수는 없습니다. 고고학적 발굴 현장에서 인간 유골 옆에 놓인 개 유골의 의미를 발견해 내지 못합니다. 순장 문화, 인류 역사에서 개와 인간의 관계, 다른 발굴 현장과의 차이 등 다양한 맥락을 고려해 종합적으로 판단하는 일은 인간만이 할 수 있죠. 명리 해석은 고고학적 연구와 아주 흡사합니다. 여러 증거를 수집하고 분석한 다음 전체 맥락에 비추어 판단해야 하죠. 맥락이 총동원된 종합적인 사유 능력이 요구되기에 명리 상담은 인공지능이 정복할 수 없는 최후의 보루가 될 것입니다.

🔍 사주가 똑같으면, 똑같은 삶을 살까요?

뒤에서도 다룰 주제라 여기서는 간단히 말씀드릴게요. 사주가 같은 사람이 평균적으로 한국에 100명 정도 있어요. 이 100명이 똑같은 삶을 사는 건 아닙니다. 그런데 어려움을 겪는 시기는 일치하는 편입니다. '그 사주의 30대 중반은 안 좋다' 하면 100명 중 90명은 그 시기에 어려움을 겪습니다. 어려움의 양상은 다를 수 있지만요.

사주는 근원적인 작용에서는 같은 원리가 적용되지만, 결과 값은 개인의 구체적인 삶에서 다양하게 표출됩니다. 따라서 사주 상담은 개인이 타고난 근원의 원리가 개인의 삶에서 구체적으로 어떻게 표현되는지 밝혀내는 것에 핵심이 있습니다. 사주를 해석학이라고 부르는 이유죠.

오해하지 말아야 할 것은 개인의 삶에서 다양하게 표출되지만 그 다양한 표출 값이 타고난 원리에서 벗어나지 않는다는 점입니다. 환경이나 여러 조건에 의해 다양한 결과 값이 나올 수는 있지만, 원리에서 벗어나지 않기 때문에 명리적인 해석을 할 수 있고, 또한 미래의 방향성을 예측할 수 있는 겁니다.

온난화로 인해서 기후가 변하면 사주도 변할까요?

이 내용 역시 뒤에서 다룰 거라서 간단히 말씀드릴게요. 사주의 기준이 기후나 온도인가요? 아니면 절기나 태양의 고도인가요? 그렇습니다. 사주는 절기나 태양의 고도를 다루는 학문 체계입니다. 온난화라는 것은 기후나 온도의 변화를 말합니다. 온난화로 인해서 기후, 즉 겉으로 드러나는 현상이 변할 수는 있지만, 온난화가 지구의 운행 패턴을 흔들지는 못합니다. 지구의 운행 패턴이 흔들리지 않는다는 것은 태양의 고도나 절기가 변하지 않는다는 의미죠. 따라서 명리의 근원이 흔들리지 않기 때문에 온난화로 인해 사주의 체계가 무너질 일을 걱정하실 필요는 없습니다.

    태양의 고도나 절기가 변한다면 어떻게 될까요? 그때는 사주의 체계가 무너지겠죠. 사주 자체가 무의미해지는 것입니다. 태양의 고도나 절기가 변한다는 것은 곧 지구의 공전과 자전의 체계가 흔들린다는 뜻입니다. 지구의 공전과 자전의 규칙성이 조금이라도 흔들리면 지구 생태계는 어떻게 될까요? 멸망합니다! 생명체가 살아갈 조건이 깨지는 것입니다. 사주가 최고의 학문이자 가치 체계가 될 수 있는 이유가 여기에 있습니다. 사주는 누구도 바꿀 수 없는, 변할 수 없는 규칙성인 지구의 운행에 기반하고 있습니다. 지구 운행의 의미가 인간에게 미치는 영향력을 밝히는 유일한 학문이자, 지구 생태계와 함께하는 학문입니다. 따라서 앞으로 아주 오랫동안 연구될 것입니다.

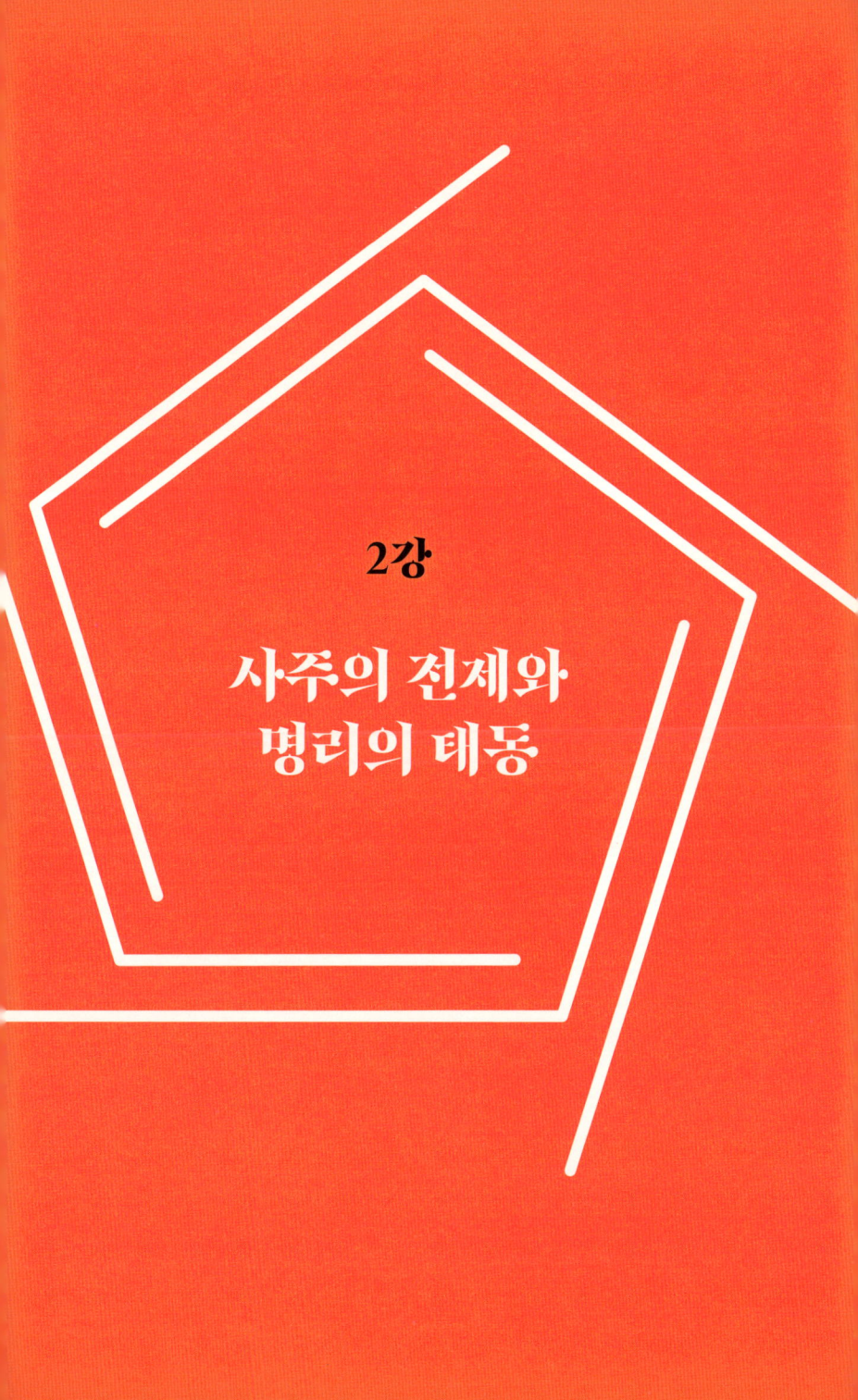

2강

사주의 전제와 명리의 태동

사주가 같은데
인생은 왜 다를까

　같은 생년월일시에 태어난 두 분이 있습니다. 사주가 같습니다. 이런 걸 '사주 쌍둥이'라고 합니다. 사주가 같다는 것은 무슨 의미일까요. 똑같은 날, 똑같은 시간에 태어났으니 이분들은 똑같은 삶을 살까요? 사주의 경우 수는 51만 8400가지입니다. 이 어마어마한 숫자가 어떻게 나왔는지는 이후에 차차 이야기하겠습니다. 대한민국 국민이 대략 5000만 명입니다. 사주의 경우 수는 대략 50만 가지이니 대한민국에 사는 100명 정도가 같은 사주를 가지고 있다고 볼 수 있습니다. 사주대로 살아간다면 이 100명은 직업도 같고, 배우자도 비슷한 사람을 만날 거 아닙니까? 완전히 똑같은 삶을 살아가야 하지 않겠어요? 이런 질문 많이 받습니다. 제 생각을 이제 말씀드리겠습니다.

　다음 예로 든 사주는 모두 여성입니다. 위의 분은 액세서리 디자이너예요. 얘기를 나눠 보니까 이분은 특히 어린 시절을 힘들게 보냈더군요. 아래 분은 외국 유학을 다녀온 후에 연극배우

사주 쌍둥이

로 활동하고 있습니다. 이분은 어릴 때 경제적으로는 어렵지 않았는데 건강이 좋지 않았더군요. 심장 수술을 받은 적이 있습니다. 같은 사주지만 두 사람 삶은 전혀 다릅니다. 이 대목에서 그럼 명리를 공부할 필요가 없는 것 아니냐며 회의적인 반응을 보일 분이 있을지 모릅니다. 예측을 못했으니까요.

사주가 같다는 것은 '재료'와 '방향성'이 같다는 의미입니다. 예시의 두 분은 오행의 관점에서는 화의 기운 조금, 수의 기운은 아주 많이, 토의 기운 조금, 목의 기운을 조금 가지고 태어났어요. 두 사람은 타고난 기운의 종류와 양이 같다는 것입니다. 성별이 같다면 명리에서는 삶의 방향성도 같다고 봅니다. 이후에 배우게 될 대운*의 흐름이 같은 것이죠.

  두 분은 타고난 기운의 종류와 양, 그리고 방향성은 같지만, 살아온 환경, 경험한 것, 살아오면서 선택한 것 등은 모두 다릅니다. 부모님도 다르고, 태어난 지역도 다르고, 가정 환경도 다릅니다. 진학한 학교, 삶의 중요한 분기점에서 한 선택도 다릅니다. 이처럼 본인의 고유한 환경과 경험, 선택에 의해서 다른 결과가 빚어진 것입니다. 이분은 이런 선택들을 했기 때문에 이런 결과가 빚어졌고, 저분은 저런 삶의 환경에서 자랐기 때문에 저런 결과가 빚어지지 않았나 생각합니다.

  환경과 경험, 선택에 따라서 결과가 달라졌잖아요. 그럼 결국 사주는 없는 것이고 유전자, 환경, 노력이 인간의 삶을 결정하는 것이라는 생각을 하게 됩니다. 그렇게 환경이 중요하다면, 부모님 잘 만나서 열심히 살면 모두 행복하게 살 것이고, 열심히 노력하면 누구나 성취하고 행복하게 살 수 있다는 생각에 사로잡히게 됩니다.

  과연 그럴까요. 성공한 사람들, 누구나 인정하는 엄청난 것을 성취한 사람들이 공통적으로 하는 말이 있습니다. 노력과 성공이 꼭 비례하지 않고, 나는 엄청난 행운 덕분에 성공할 수 있었다는 말입니다. 실패를 경험한 분들은 인생이 내 마음대로 안 되더라, 인력으로 안 되는 일이 많다는 말을 공통적으로 합니다.

●   사주팔자에 들어오는 운은 대운과 세운을 종합해서 말하는 것이다. 대운은 개별 사주에서 비롯된 10년 단위로 바뀌는 운의 흐름이고, 세운은 계묘년(2023년), 갑진년(2024년)처럼 우리가 모두 함께 경험하는 1년 단위로 바뀌는 운의 흐름이다.

사주가 같다는 것은 재료와 방향성이 같다는 의미다.

인생을 살아갈수록 우리는 어떤 보이지 않는 힘이 작용하고 있고 흐름이 존재한다는 것을 느낍니다. 세상은 노력, 인력만으로 되지 않는다는 것을 나이를 먹어 가면서 점점 깨닫게 되고요. 이런 경험 때문에 지금 여러분도 명리란 무엇이냐, 운명이란 무엇이냐에 관심을 갖고 이 책을 보고 계신 것 아닌가요?

예로 든 두 분 사주는 같지만 전혀 다른 삶을 살고 있는 것처럼 보입니다. 하지만 제 눈에는, 명리적으로는 같은 삶을 살고 있는 것으로 보입니다. 다른 삶처럼 보이지만 명리적으로 같은 본질이 작용하고 있고, 그 결과도 같습니다. 다만 우리의 눈에 다른 모습으로 보일 뿐이죠.

왜 그런지 두 분 사주의 본질에 대해 말씀드리겠습니다. 위 도표에서 검은색은 수의 기운이에요. 음과 양으로 나누면 음기입니다. 이 사주는 음기가 아주 강합니다. 이 사주에 한해서는 화 기운이 중요한 위상을 차지합니다. 화 기운이 이 사람의 직업이라든가 선택에 어떠한 영향을 주는지 관찰하고 인터뷰하는 것이 사주 상담의 기본적인 방법론이 됩니다. 대운의 관점에서 흐름을 쭉 살펴보면 이 사주는 초년 시절에 음기가 강한 대운을 지나야만 합니다. 이 사주는 음기가 아주 강하다고 했는데, 대운도 음기가 강한 대운을 지나기 때문에, 이때 삶의 부정성이 드러날 수 있습니다.

이를 토대로 정리하면 이 사주의 본질은 두 가지입니다. 첫 번째 본질은 화 기운을 아주 잘 운용해야 된다는 거죠. 두 번째 본질은 초년의 음기가 이분들의 삶을 흔들어 놓을 수 있다는 겁니다.

그럼 이런 본질이 이분들의 삶에 어떻게 드러나는지 확인해 보겠습니다. 먼저, 화의 기운이라는 본질은 이분들의 삶에서 어떻게 나타났을까요?

위의 분에게는 목걸이 제작업체 디자이너라는 직업으로 나타났습니다. 화 기운은 눈에 보이는 것, 영상 매체, 그림, 화려한 것을 다루는 일, 시각디자인 감각 등을 의미합니다. 빛과 영상을 손에 담아 다루는 것을 의미하죠. 화 기운을 운용하기 위해 액세서리 디자이너라는 직업을 선택했다고 볼 수 있는 것입니다.

아래 분에게는 연극배우라는 직업으로 드러났습니다. 연극배우와 화 기운 역시 밀접한 관련이 있습니다. 화 기운은 눈에 보이는 것, 다른 사람들에게 자신을 화려하게 드러내는 것을 의미합니다. 무대에서 조명을 받으며 연기를 하는 연극배우는 말 그대로 무대에서 빛을 뿜어내고 있는 것입니다. 아래 분 역시 화 기운을 운용하기 위해 연극배우라는 직업을 선택했다고 볼 수 있습니다. 두 분의 삶은 전혀 달라 보이지만, 화 기운을 삶에서 주요한 도구로 썼다는 점에서는 본질적으로 같죠.

두 번째 본질인 초년에 힘듦을 겪을 수 있는 것이 이분들의 삶에 어떻게 나타났는지 살펴보겠습니다. 위의 분은 어린 시절에 집안 환경이 어려웠습니다. 아버지 때문에 특히 그랬습니다. 초년에 견뎌 내야 하는 부정성이 집안 환경으로 드러났다고 볼 수 있죠. 아래 분은 부정성이 신체로 드러난 거죠. 더 들어가서 설명하면, 수 기운이 너무 강해 화 기운이 위축되면 심혈관 질환에 걸릴 수 있으니 조심해야 합니다. 이분도 그런 경우였습니다.

두 분이 겪은 사건과 선택한 직업은 사실 같은 본질에서 비롯된 결과입니다. 겉으로는 무관해 보여도 원인과 본질은 같죠. 쌍둥이나 사주가 같은 분들은 겉으로는 각각 다른 삶을 살아가지만 그 근원에서 작용하는 본질은 같습니다. 성별이 같다면 비슷한 시기에 유사한 것을 성취하고 굴곡도 경험합니다. 다른 직업을 갖고 다른 장소에서 살아가지만, 같은 본질이라는 하나의 끈으로 연결되어 있기 때문에 그렇습니다.

사주는 통계일까

사주는 통계학이라는 말 많이 들어 보셨지요? 사주에 긍정적인 분들이 특히 이 말을 자주 하시더군요. 통계학의 원리가 뭡니까? 수많은 사례를 관찰해서 공통점을 도출해 내는 거잖아요. 귀납적 사고방식이죠.

명리는 어떤가요. 명리라는 말 자체가 어떤 것을 의미합니까. 리理 즉, 이치를 다룹니다. 명리는 근원의 원리를 통해 다양한 것을 유추하는 학문입니다. 원리에 수많은 사례를 적용해 해석하는 것입니다. 명리는 연역적 사고방식이라고 할 수 있습니다. 수많은 사례와 데이터가 쌓여 명리학이 성립된 것이 아님을 명심하시면 좋겠습니다. 수천 년간 자료가 쌓여 귀납적으로 명리라는 학문이 형성된 것이 아닙니다. 지구의 운행 규칙을 바탕으로 하나의 원리를 발견해 내고 그 원리를 정리해 놓은 체계가 명리 이론입니다. 이 이론을 바탕으로 연역적으로 인간의 삶에 대입해 유추해 내는 것이 명리의 방법론이죠.

통계가 아닌 원리학

　사주의 본질을 정확히 이해하고 있으면 모든 현상에 대응할 수가 있습니다. 저는 심지어 이런 생각도 해 봤습니다. 많은 경험과 사례를 쌓는 데 에너지를 쓰지 말자고 말입니다. 명리 원리에 대해 기본 지식을 갖춘 후 거리로 나가서 수많은 사람을 만나 상담할 수 있습니다. 하루에 10명, 20명씩 수많은 사람을 만나는 겁니다. 사주가 통계학이라는 관점에서 보면 많은 경우를 모으면 것이 적절한 방법이 됩니다. 사주 상담을 20년, 30년 오랫동안 하다 보면 자연스럽게 고수가 될 수도 있을 것 같습니다. 하지만 저는 이 방법이 잘못되었다고 생각합니다. 원리를 정확히 알지 못하고 경우 수만 늘려 간다면, 임기응변과 끼워 맞추기에 능한 고수는 될지언정 내담자의 삶을 통찰하기는 어렵다고 보기 때문입니다. 수학 실력을 높이기 위해 문제 풀이만 주야장천 하는 학생을 떠올리면 좋겠습니다.

　명리는 통계학이 아니라 원리학입니다. 원리에 통달하면 더 빨리 통찰의 힘을 가질 수 있고, 제대로 된 상담가가 될 수 있습니다. 명리는 단순한 직감이 아니라 논리적으로 결론을 도출해 냅니다. 사주를 공부하는 가장 좋은 방법은 나 자신을 포함해서 내가 아주 잘 알고 있는 지인이나 가족, 혹은 이들 주변인의 사주 열 개 정도에 공부한 것을 적용해서 1년이고 2년이고 3년이고 고민하면서 깊게 연구하는 것입니다. 그러다 보면 하나의 공통점을 발견하게 됩니다. 명리 전체를 관통하는 원리를 깨닫게 되죠. 이 원리를 알게 되면, 수많은 사례를 만나도 대처할 수가 있습니다. 다시 강조하지만, 사주를 공부하는 목적은 많은 경우를 접하고 거기에서 어떤 공통점을 발견하는 것이 아니라 원리를 깊게 사고한 다음에 많은 경우를 해결하는 능력을 키우는 것이 되어야 합니다.

명리의 전제

명리의 대전제는 무엇일까요? 생년월일시가 인간의 본질을 결정한다는 것입니다.

"생년월일시 그 숫자만 가지고서 내 인생을 알 수 있다고?"
"너무 유치하고 비상식적인 발상 아닌가?"

자주 듣는 반격입니다. 막 명리를 공부하기 시작했을 때는 명리가 너무 재미있어서 이런 질문을 그냥 흘려들었습니다. 상담을 2, 3년 정도 하던 어느 날 문득, 명리의 원리와 각 사람의 삶이 너무 잘 맞아떨어지는 것이 기묘하고 신기하단 생각이 드는 겁니다. 그러면서 도대체 생년월일시가 뭐길래 인생을 결정하지?, 결과적으로 잘 맞으니까 상담을 계속하고 있기는 하지만 이것을 대체 사람들에게 어떻게 납득시키지? 하는 의문이 이어지는 겁니다. 이후 오랫동안 해답을 찾기 위해 고민했습니다.

제가 아는 모든 지식을 총동원했죠.

생년월일시가 본질을 결정한다

그리고 생년월일시가 인간의 본질을 결정한다면, 두 가지 전제가 입증되어야 한다고 정리했습니다. 첫 번째 전제는 탄생 순간의 작용이 평생에 걸쳐 영향을 미친다는 것입니다. 시작이 아주 중요하단 말이고, 시작 시점에 모든 것이 결정된다는 것입니다.

반론을 제기할 분이 있을지 모릅니다. 태어난 시점보다 더 중요한 것이 초기 경험이라는 학계 연구 결과를 근거로 대면서 말입니다. 이처럼 어렸을 적에 3년간 어떤 일을 겪으면 그것에 의해서 미래가 결정되는 것이다는 반론에 부딪힐 수 있어요. 물론 인간은 순수한 백지 상태에서 무한한 가능성을 안고 태어나며, 생애 초기의 경험과 교육이 삶의 행로에 큰 영향을 미친다는 생각이 널리 퍼져 있습니다. 일반적인 상식이죠. 하지만 명리의 대전제는 이런 상식을 뒤집어엎습니다.

명리의 대전제는 탄생 순간에 그 사람의 본질이 결정된다는 것입니다. 바꿔 말하면, 후천적인 환경이 세부적인 상황을 좌우할지는 모르지만 본질은 바뀌지 않는다는 것이죠. 그 본질은 생년월일시에 의해 결정되고요. 명리 관점에서는 오로지 인간의 본질은 태어난 시점, 그 순간에 결정됩니다.

인간이 태어난 그 0.01초의 찰나, 그 찰나를 저는 언제로 보냐면, 탯줄을 끊었을 때도 엄마 뱃속에서 나왔을 때도 자궁에 착상했을 때도 아닙니다. 처음 스스로 숨을 내쉬었을 때입니다! 첫 번째 호흡을 하는 순간, 지구의 조건에 하나의 생명체가 결합되면서 어떤 에너지, 기운이 형성됩니다. 그리고 한 번 형성되어 버리면 중간에 다른 어떠한 요인에 의해서도 바꿀 수 없다는 것이 명리의 전제예요.

분절된 시간의 영향을 받는다

  두 번째 전제는 시간은 분절되어 있고, 각 분절된 시간마다 의미를 갖고 있으며, 그 분절된 의미가 어떤 유기체가 탄생할 때의 참조 값이 되어, 유기체에게 영향을 미친다는 것입니다. 시간마다 분절되어 있다는 건 잘라져 있다는 거예요. 시간은 그냥 쭉 흘러가는 것 같지만, 시간이 강물처럼 흘러간다고 비유하기도 하지만, 명리에서는 시간이 분절되어 있고, 그 분절된 각각의 조각이 어떤 고유하고 특정한 의미를 가진다는 거예요. 어떤 시간에 태어났다면 이 아이는 그 시간의 의미를 몸으로 받아들이고 한 번 받아들인 것은 중간에 어떤 요인에 의해서도 변하지 않고 이 아이의 운명을, 인생을 평생 끌고 나간다는 것이 명리의 대전제입니다. 이 전제를 가슴 깊이 이해하고 남들에게도 설명할 수 있어야 합니다. 그래야 명리 공부를 진짜 시작할 수 있습니다.

 제왕절개로 태어난 아이 역시 태어난 시점에 맞춰 본질이 결정됩니다. 자연분만을 해야만 사주대로 살고 제왕절개 하면 사주대로 못 산다고 하는 분도 있는데 과연 그럴까요. 아닙니다. 지구는 이 생명체가 인위적으로 태어났는지, 자연적으로 태어났는지 모릅니다. 인간의 관점에서는 어떻게 태어났는지가 의미를 가질 수 있지만, 지구의 관점에서는 오직 태어난 순간의 생년월일시가 중요할 뿐이죠.

시작이 미래를
결정한다는 근거

　이번에는 두 전제를 하나씩 입증해 보겠습니다.
　첫 번째 전제가 탄생 순간의 작용이 평생에 걸쳐 영향을 미친다는 것이었습니다. 무슨 근거로 이런 주장을 했는지 말씀드리겠습니다. 시작이 미래를 결정한다는 주장에 대한 근거 말이지요. 모든 운동하는 물체, 주기성을 가진 물체의 행로는 언제 결정될까요? 변수의 영향을 받긴 해도 보통 운동을 시작하는 시점에 결정됩니다. 물수제비 떠 보셨나요? 신기하죠. 돌을 던지는 순간 압니다. 뭘요? 돌멩이가 다섯 번 튈지, 세 번 튈지, 아니면 곧바로 곤두박질할지. 바람 같은 것들도 영향을 미치긴 하겠지만 아주 미미하죠. 물수제비를 몇 번 뜰지는 돌이 손에서 벗어나는 순간 결정이 됩니다.

물수제비

던지는 시점, 손에서 벗어난 순간의 각도와 회전량, 힘의 크기가 이 돌멩이 행로에 가장 큰 영향을 미친다는 거예요. 손에서 놓아지는 시점이 많은 의미를 가지고 있습니다. 이 시점의 상황을 잘 관찰하면, 이후를 알 수 있습니다. 1초 후, 2초 후의 상황을 보지 않더라도 잘 알 수 있는 거죠. 이 돌멩이가 강물로 온전히 잘 날아갈지 아닐지에 대해서요.

굳이 날아가는 경로를 안 봐도 뭐만 보면 안다고요? 손에서 놓아지는 순간의 각도와 회전량, 힘의 크기만 보면 알 수 있다는 겁니다. 독립적으로 태어난 유기체는 손에서 놓아진 돌멩이와 같습니다. 태어날 때의 어떤 작용의 결과로 인해 다양한 방향과 속도로 강물을 향해 나아가는 거죠. 태어날 때의 어떤 작용을 정리해서 표로 나타낸 것이 사주팔자고요. 그러므로 사주 해석이란 태어난 시점의 상황을 잘 관찰해서 그걸 바탕으로 방향성과 행로 그리고 미래를 예측하는 것이라고 할 수 있습니다.

블록체인

시작이 미래를 결정한다는 주장의 두 번째 근거를 말씀드리겠습니다. 유기체가 무엇입니까. 인간을 비롯한 동물, 식물 같은 것들이 유기체죠. 유기체의 반대 개념인 무기체와 비교해 보면 유기체가 무엇인지 더 선명해집니다. 유기체는 살아 있는 것입니다. 살아 있다가 죽는 게 유기체예요. 무기체는 살아 있지 않으니 죽지도 않잖아요. 유기체는 삶과 죽음 사이에 어떤 연결되는 흐름을 가지고 있습니다. 생명이 있는 것은 다 흐름과 연결이 있어요. 하지만 무기체는 생명이 없기 때문에, 살아 있지 않기 때문에, 흐름도 없고 연결도 없는 거죠.

이런 생각을 한 적이 있습니다. 기계와 인간은 다르다. 기계와 인간의 차이가 뭘까? 퇴근할 때 컴퓨터를 끕니다. 출근할 때 다시 켜요. 정상적으로 아주 잘 돌아갑니다. 전기면도기 역시 껐다가 켜면 잘 돌아갑니다. 인간의 경우 '아, 나 좀 피곤한데' 하고 목을 잘랐다가 6개월 후에 다시 붙여요. 피로가 풀린 것 같아서요. 그럼 예전처럼 생활할 수 있습니까? 너무 신기하죠. 인간은 목을 잘랐다 붙일 수 없고, 심장을 정지시켰다가 다시 뛰게 할 수도 없습니다. 이처럼 유기체의 가장 중요한 근본은 '흐름'을 유지해야 된다는 겁니다. 흐름이 끊어지는 순간 유기체는 사라져요. 무기체로 변해 버립니다. 1시간 동안 멈춰 있던 심장이 다시 뛰지 못한다는 것은 유기체는 흐름이 끊기면 다시 제 흐름으로 돌아오지 못한다는 말이죠.

다시 강조하지만, 유기체에게 가장 중요한 것은 이전과 현재, 현재와 다음으로 이어지는 지속성, 연결성을 유지하는 것입니다. 이를 위해 유기체의 심장과 폐는 쉬지 않고 움직이고 있습니다.

유기체는 사슬로도 비유할 수 있습니다. 고리가 이어진 사슬처럼, 현재의 상태가 다음 상태로 계속 끊임없이 연결되고 이전되어야 생명 유지가 가능한 겁니다. A가 B가 되고 B가 C로 연결되고 C가 D로 연결되어야 하죠. 이런 구조에서는 A의 값이 아주 중요합니다. 무슨 말입니까? 처음의 세팅 값이 굉장히 중요하다는 것입니다. 내가 태어난 순간에 어떤 걸 참조해서 숨을 쉬게 되는데 그 참조한 값이 중요하다는 거예요. 그 처음의 값을 계속 B로, C로, D로 죽을 때까지 연결하고 살아가는 것이 모든 유기체의 작동 방식이라는 거죠. 예를 들면, 블록체인●의 기본 원리와 같습니다. 블록체인이 뭡니까? A 값의 일부를 B로 넘기는 거예요. B 값의 일부를 C로 넘기고요. 그래서 B를 보면 A가 보이고 C를 보면 B와 A가 보이는 거죠. 어떤 한 시점에 주목하면 이전의 체인 값을 모두 알 수 있는 것이 블록체인의 특징입니다. 뒤에 오는 C의 값이 선행한 B나 A의 값을 변경할 수 없고요.

　모든 체인이 서로 연결되어 있고, 후행 값이 선행 값에 영향을 미칠 수 없다면 어떤 값이 가장 중요할까요? 첫 번째 데이터 값입니다! 후행하는 모든 체인의 상태와 상황을 좌우하기 때문이죠. 그리고 절대 변하지 않으니까요. 첫 번째 데이터 값이 변

● 사람들이 비트코인 시스템을 신뢰하는 이유는 창시자인 사토시 나카모토가 세팅한 첫 번째 값을 그 누구도 바꿀 수 없기 때문이다. 비트코인의 전체 발행량과 발행 스케줄은 초기에 결정되어 있다. 누구도 바꿀 수 없는 정해진 스케줄에 따라 정해진 양만큼 발행되기에 비트코인은 어떤 정치, 경제적인 상황에도 좌우되지 않는 안정적인 가치 저장 수단으로 자리 잡을 수 있었다.

하는 순간 마치 성이 무너지듯 무너질 수 있으니까요.

　정리하면, 유기체와 블록체인은 연결이 곧 생명입니다. 연결이 끊어지면 붕괴합니다. 연결은 이전과 다음이 관계 맺는 것입니다. 중요한 것은 이전 값이 다음 값에 영향을 미치지, 다음 값이 이전 값에 영향을 미칠 수는 없다는 점입니다. 유기체와 블록체인은 첫 번째 값이 전체의 생명을 좌우한다고 정리할 수 있습니다. 흐름을 가진 모든 것은 시작 값이 모든 것을 결정합니다. 시작을 알면 모든 것을 알 수 있죠.

분절된 시간이
의미를 가진다는 근거

명리의 두 번째 전제, 시간은 분절되어 있고, 각 분절된 시간마다 의미를 가지며, 그 분절된 의미가 어떤 유기체가 탄생할 때의 참조 값이 되어, 유기체에게 영향을 미친다는 주장의 근거를 말씀드리겠습니다.

12월 31일이 되면 보통의 사람들은 "해피 뉴 이어Happy New Year!" 하면서 한 해를 보내고 또 새로운 한 해를 맞이합니다. 마치 시간에 구분선이 그어져 있는 것처럼 행동하죠. 반면 학자들의 반응은 다릅니다. "시간이 분절돼 있다고? 뭔 헛소리야! 시간은 그냥 연속적으로 흘러가는 개념이고, 어떤 행사를 하기 위해서, 무엇을 기념하기 위해서 인위적, 자의적으로 구분해 놓은 것뿐야"라고 할 것입니다.

명리의 관점에서는 대중의 시각이 맞습니다. 시간은 분절되어 있습니다. 명리 관점에서 시간은 칼로 두부를 자르듯이 구분할 수 있습니다. 왜 분절하는 것일까요. 분절된 각각의 조각이 다른 의미를 가지고 있기 때문입니다. 다른 의미를 가진 조각천들을 쭉 이어 붙인 것이 명리에서 말하는 시간입니다.

이제 분절된 시간이 의미를 가진다는 근거를 말씀드리겠습니다. 다음은 '계절과 건강'이라는 키워드로 검색했을 때 나온 자료 중 하나입니다.

> 최근 가천대 길병원 비뇨기과 김태범 교수와 서울백병원 호흡기내과 박이내 교수가 공동으로 시행한 '출생 계절과 성은 생애 초기 인자로서 성인 폐 기능에 영향을 미치는가?'라는 제목의 연구 논문에 따르면 남성은 출생 계절에 따라 폐 기능이 달라진다.[3]

시간이 의미가 있기 때문에 그 의미가 건강으로 드러났다고 볼 수 있습니다. 자료를 이어 보겠습니다.

> 영국 런던 대학과 퀸 메리 런던 대학 공동연구팀이 11월에 태어난 아기 50명과 올해 5월에 태어난 아기 50명을 대상으로 혈액 검사를 했다. 그 결과 5월에 태어난 아기가 11월에 태어난 아기보다 성기능 장애 발생 위험이 높은 것으로 나타났다.

이런 내용들은 무엇을 암시합니까? 시간 혹은 계절은 분절되어 있고 그 분절이 어떤 특정한 의미를 가진다는 것입니다. 인간은 태어나면서 그 시간의 의미를 안고 태어나고요. 그때의 그 시간이 곧 그 사람이 되는 것입니다.

기후가 바뀌면
사주도 바뀔까

  두 전제를 종합하면, 태어난 시점의 의미가 인간에게 반영되어 평생을 이끌어 간다는 것을 알 수 있습니다. 태어난 시점의 시간의 의미를 알면 인생의 비밀을 알 수 있고, 미래에 대한 단서도 얻을 수 있는 것이죠.

  다시 강조하지만, 모든 유기체는 태어난 시점이 가장 중요하고, 그 태어난 시점의 의미를 참조해 평생을 살아간다는 것이 명리의 대전제입니다. 그래도 의문이 남습니다. 그럼, 태어난 시점의 기후와 계절, 온도, 습도 등도 인생에 영향을 미치겠구나 하고 생각할 수 있죠.

> "여름은 오행 화니까, 더운 여름에 태어난 사람은 화의 기운을 많이 가지겠지. 그래서 네 몸이 그렇게 뜨겁구나?! 겨울은 오행 수니까, 너는 추울 때 태어나서 오행 수처럼 음침한 거고, 인마. 이것참, 대입해 볼수록 신기한데?"

이렇게 말씀하시는 분들도 실제로 있습니다. 잘 생각해 보세요. 시시각각 변하는 기후나 온도가 변수가 될 수 있을까요? 명리는 변수에 따라서 인간이라는 유기체의 초기 값이 달라진다고 봅니다. 추운 날 태어나면 추운 인간, 더운 날 태어나면 더운 인간이 된다는 것이 명리의 아주 기본적인 전제이지만, 기후나 온도는 너무 변덕스럽잖아요. 통계의 관점에서 변덕스러운 것이 변수가 되면 안정적으로 결과를 예측할 수 있을까요?

또 기후나 온도를 중요시하면 이런 질문과 맞닥뜨리게 됩니다.

"온난화로 인해 기후가 변하면 기존에 사용하던 사주의 체계가 달라지나요?"

기후와 계절, 온도, 습도 등에 비중을 두는 분들은 이런 질문에 답을 할 수가 없습니다. 애써 하게 된다면, 도덕적인 답밖에 못해요. "지구 온난화를 막아야 합니다", "분리 수거를 잘 해야 합니다", "현대 문명은 지구에겐 악이야" 같은 말들이죠. 은연중에 지구 온난화로 인해 사주가 바뀌어 버린다고 생각을 하고 있는 겁니다.

또 기후에 집착하면 반드시 오류가 생기는데, 외국인 사주를 풀 때 그렇습니다. 2022년 11, 12월에 열린 카타르 월드컵 기억나죠? 한국은 그 시기가 겨울이잖아요. 양력 11월, 12월은 명리에서도 겨울로 봅니다. 그때 태어난 사람은 수 기운, 음 기운, 추운 기운을 가지고 태어난다는 것이 명리의 전제입니다. 한국에 사는 우리는 이 내용을 당연시합니다. 그런데 11월에 카타르에 가니까 경기장에서 에어컨을 틀고 있어요. 모든 경기장에 에어컨을 다 달아 놨어요. 더워서 관람객이 안 올까 봐서요. 카타르의 11월은 약 36도로 아주 덥습니다.

기후를 중요시하면 다음과 같은 자가당착에 빠집니다. 같은 11월을 두고 한국은 추우니까 한국에서 태어난 아이는 수의 기운을 많이 가지고 태어나고, 카타르는 더우니까 카타르에서 태어난 아이는 화의 기운을 많이 가지고 태어난다고 해야 하는 것이죠. 기후는 계량하고 구분하기 애매한 개념입니다. 사주에서 태양의 고도를 기준으로 삼는 이유죠.

태양의 고도란 태양이 지표면과 이루는 각을 말하는데, 11월은 태양의 고도가 아주 낮기 때문에 양의 에너지보다 음의 에너지가 많습니다. 그래서 카타르에서 태어났든 한국에서 태어났든 북반구에서 11월에 태어난 아이는 전부 수의 기운을 갖고 태어납니다.

분만실 이야기도 해 보죠. 100년, 200년 전에는 아이가 초가나 나무집, 흙집에서 태어났습니다. 현대처럼 단열이 안 돼요. 귀족들도 겨울에는 춥게 보냈습니다. 여름에는 너운 곳에서 태어나고 겨울에는 추운 곳에서 태어나요. 이런 시대엔 기후를 적용하면 말이 됩니다.

그런데 지금은 어떻습니까? 한국에서 태어난 아이 대부분은 콘크리트로 단열된 병원 분만실에서 에어컨이나 온풍기로 온

태양의 고도가 낮을 때(왼쪽)와 높을 때

도가 일정하게 조정된 곳에서 태어납니다. 내가 아무리 한여름에 태어나도 태어날 당시의 주변 환경에 따라 달라지는 거죠. 여름에도 에어컨을 틀어 놓으면 추우니까요. 반대로 내가 아무리 한겨울에 태어나도 히터를 틀어 놓으면 더워요. 겨울에 태어나든 여름에 태어나든 아이들은 병원에서 설정한 일정한 온도, 일정한 환경에서 태어나는 겁니다. 기후를 중요시하면 이 아이들은 모두 똑같은 기운을 가지고 태어난다고 해석해야 하죠.

또 적도 부근이나 시베리아에서 태어난 아이들은 어떻습니까? 적도는 겨울이 없죠. 그럼 전부 화 기운만 가득하겠죠. 반대로 시베리아에서 태어난 아이들은 전부 수 기운만 가득할 것이고요. 기후나 계절을 중시하면 이런 질문에 저위도나 고위도는 태어난 아이들의 기운이 치우쳐 있어 후진국이라는 반이성적인 해석을 하는 분도 생기고요.

명리는 계절학이자, 자연학이라고 생각하는 분이 많습니다. 심지어 명리에 도통하려면 자연 속으로 들어가서 꽃과 나무를 잘 관찰해야 한다는 분도 만난 적이 있습니다. 그런데 계절학, 자연학이라는 말을 하는 순간 앞서 나온 질문들에 제대로 답변을 할 수 없어요. 계절학, 자연학은 사계절이 뚜렷한 한국에서나 통용되는 논리입니다. 저는 이렇게 말하고 싶습니다. 명리는 계절학, 자연학이 아니라 '절기학'이라고요.

명리는 절기학

절기도 계절 아니냐고 반문할 분도 있을 텐데요, 계절과 절기는 비슷해 보이지만 전혀 다릅니다. "사주는 계절학이다. 지혜로운 인류가 주변의 계절을 잘 관찰하고 그것을 토대로 인간의 운명을 추론한 것이다." 이런 말 하면 안 됩니다! 계절은 나타난 현상을 의미해요. 사람마다 봄을 다 다르게 정의합니다. 어떤 사람은 꽃봉오리가 올라오면 봄이라고 느끼고, 어떤 사람은 산들바람이 불면 봄이라고 생각합니다. 사람마다 달라 봄을 정의하기가 어렵습니다. 계절은 추상적이고, 임의적이며, 가변적인 개념입니다. 앞에서 말한 전형적인 신화적 사고방식이죠. "명리는 동양의 지혜니까, 믿으세요. 선조들이 얼마나 자연과 계절을 잘 관찰했겠어요? 명리는 자연에서 온 거니까 믿어도 됩니다!"라고 우기면 안 된다는 거예요. 계절은 구분하기 어려운, 감각적이고 추상적으로 관찰된 현상입니다.

반면 절기는 과학적으로 밝혀낸 지구 순환의 근본을 의미합니다. 개념적이고, 의도적이며, 불변적인 거예요. 이게 뭡니까. 이성적 사고방식입니다. 절기가 뭡니까. 입춘, 동지, 추분, 경칩…, 이런 것들이 절기잖아요. 절기는 음력인가요, 양력인가요? 양력입니다! 그럼 절기의 기준이 뭡니까? 태양의 고도예요.

  절기는 태양 고도를 인위적으로 정확하게 24개로 쪼개 놓은 개념입니다. 지구의 운행 궤도를 인위적이고 수학적으로 쪼개 놓았기 때문에 해마다 각 절기에 해당하는 날짜가 하루나 이틀 정도 달라지는 겁니다. 사람들이 보통 챙기는 기념일은 지구의 운행과는 아무 관련이 없습니다. 날짜 자체에 의미를 부여해 매년 같은 날 크리스마스, 신년 행사 등을 치르는 것뿐이죠.

  그런데 절기는 인간의 인식, 개념과는 상관없이 지구의 운행을 수학적으로 구분한 것이기 때문에 매년 그 날짜가 달라지는 겁니다. 그렇다면 태양의 고도는 무엇으로 결정됩니까? 태양과 지구의 관계로 결정되죠. 태양과 지구의 관계는 기후처럼, 계절처럼 가변적인 것이 아닙니다. 태양과 지구의 관계가 가변적이라면 그 순간 지구는 멸망합니다. 생명체가 살아갈 수 없는 곳이 되어 버리는 겁니다. 넷플릭스 드라마 〈삼체〉를 보면 쉽게 이해할 수 있어요. 〈삼체〉에 등장하는 외계 행성은 생명체가 도저히 살아갈 수 없습니다. 그래서 지구로 이주하려는 것이죠. 이 외계 행성에 생명체가 살아갈 수 없는 이유는 항성●과 행성

●   항성恒星은 태양처럼 항상 같은 자리에서 빛을 내는 것을 말하고, 행성行星은 지구처럼 계속 움직이면서 빛을 내지 못하는 것을 말한다. 행성이 빛을 내는 것처럼 보이지만, 사실 그건 항성 빛을 반사한 것에 불과하다.

의 관계가 불규칙하기 때문이에요. 하지만 태양과 지구의 관계는 아무도 바꿀 수 없는 가장 정확한 규칙성을 따릅니다. 지구는 수백만, 수억 년 동안 똑같은 규칙성을 가지고 움직이고 있어요.

운명을 결정하는 건 태양과 지구의 관계

명리의 전제를 다시 정리해 보겠습니다. 명리의 전제는 시간은 분절되어 있고, 분절된 각각의 시간은 의미를 가진다는 것입니다. 그럼 도대체 시간은 무엇이고, 시간을 만드는 것은 무엇일까요? 시간은 지구의 운행 그 자체를 말합니다. 지구의 운행에 따른 현상이 시간의 흐름이죠. 또한 지구의 운행을 정확하게 24개로 쪼개서 기록해 놓은 것이 절기입니다. 그렇다면 인류가 개발한 가장 정확한 달력이자 시계는 무엇일까요? 절기력입니다. 현재 우리가 쓰는 달력의 체계를 살펴보죠. 왜 2월은 28일까지만 있고, 3월은 31일까지 있는 것일까요? 과학과 합리를 신앙처럼 떠받드는 서구에서조차 그럴듯한 이유를 대지 못합니다. 로마 황제가 임의로 결정한 것이기 때문이죠. 반면 명리는 시간에 의미를 부여한, 가장 과학적이고 합리적인 달력이자 시계인 절기에서 비롯된 학문입니다. 명리의 기본 체계가 논리적, 이성적이라고 말할 수 있는 근거입니다.

눈에 보이는 현상인 자연, 계절 등이 아니라 결국 인간의 운명을 결정하는 것은 태양과 지구의 관계성입니다. 태양 고도가 낮아 음기가 많으면 가라앉은 인간이 되고, 고도가 높아 양기가 많으면 방방 뛰는 인간이 되는 거죠. 음기가 많거나 양기가 많은 등 이런 변수를 결정하는 것은 계절이나 자연 현상이 아니라 태양과 지구의 관계성이라는 것이죠. 태양과 지구의 관계를 분석해서 체계로 만들어 놓은 것이 24절기력이고요. 절기력을 사용하면 기후와 계절, 온도, 습도 등의 현상에서 해방될 수 있습니다. 분만실의 딜레마, 외국인에게 사주를 어떻게 적용할지 하는 문제에서도 말이죠.

계절은 가깝고, 태양은 멀다?

그럼에도 이런 반론이 나올 수 있습니다.

"기후와 계절 등은 인간과 항상 닿아 있어서 인간에게 바로 영향을 미칠 수 있지만, 태양과 지구는 너무나 멀리 떨어져 있잖아요. 인간의 감각으로는 도무지 가늠할 수 없는 거리인데, 태양과 지구의 관계가 제 삶에 영향을 미친다고요?"

아주 좋은 문제 제기입니다. 예를 들어 보겠습니다. 어떤 사람이 인시(새벽 3시 30분~새벽 5시 30분)에 태어나긴 했는데, 인시 막바지인 5시 25분에 태어났다고 합시다. 그럼 이 사람은 인시의 기운을 받은 걸까요? 아니면 그 다음 시간인 묘시의 기운을 받은 걸까요? 저도 공부 초기에 이 문제로 머리가 아팠습니다.

태양에서 지구까지 빛이 도달하는 데 8분 정도가 걸린다고 합니다. 일몰을 보았다면 그건 8분 전 태양을 보고 있는 것이죠. 태양이 보낸 기운을 지구에 있는 내가 받으려면 이런 시간 차를 고려하지 않을 수 없으니, 기운이란 것도 최소 8분 혹은 그보다 더 미루어 반영되어야 하는 것이 아닐까? 명리 체계는 이것까지 계산된 것일까? 이런 고민을 한 이유는 명리 체계에서는 1분 1분의 의미가 크기 때문입니다.

일반상대성이론

그때 떠오른 사람이 아인슈타인입니다. 아래 그림은 태양과 지구의 관계를 그림으로 간략히 표현해 놓은 것입니다. 태양과 지구는 아주 멀리 떨어져 있지만, 태양이 형성한 계곡 안에 지구가 놓여 있습니다. 태양이 만들어 놓은 시공간의 계곡 안에 지구가 있다면 이들은 거리에 영향을 받지 않고 실시간으로 교

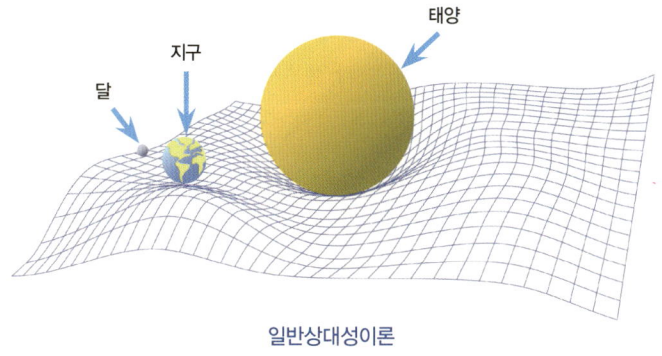

일반상대성이론

류한다는 것이 아인슈타인의 일반상대성이론입니다. 이 이론에 따르면, 거리가 아무리 멀어도 전혀 상관이 없습니다. 태양의 질량이 형성한 보이지 않는 계곡, 즉 중력장의 영향에 의해서 두 물체는 마치 붙어 있는 것처럼 상호 작용을 하기 때문이지요.

 좀 더 자세히 말씀드리겠습니다. 사과가 떨어지는 것을 관찰한 뉴턴이 어떤 생각을 하냐면, 사과는 그냥 떨어진 것이 아니라 지구가 사과를 당기고 있구나라는 생각을 합니다. 그리고 공식을 만들어 내죠. 그 유명한 '만유인력의 법칙'입니다. 그런데 뉴턴은 멀리 떨어진 물체들 간에 상호 작용을 하는 것은 알겠는데 어떤 방식으로 상호 작용을 하는지는 풀지 못합니다. 그러니까 사과가 지구의 중력에 의해 떨어지는 것은 알겠는데, 이 중력이란 것이 어떤 방식으로 작용하는지는 알지 못했던 겁니다.

 이 문제를 푼 사람이 아인슈타인입니다. 태양과 지구를 예로 들어 보겠습니다. 질량을 가진 물체는 시공간을 왜곡합니다. 태양이 왜곡한 시공간은 태양 주변에 가상의 골짜기를 형성하고, 이 골짜기 안에 놓인 지구는 태양 주변을 돕니다. 왜곡된 시공간의 골짜기에 놓인다는 건 실시간으로 서로 영향을 주고받는다는 뜻이죠. 아인슈타인은 이 일반상대성이론으로 우주 전체의 모든 회전과 중력의 법칙을 설명했습니다. 모든 만물에 적용할 수 있는 일반적인 이론이어서 '일반상대성이론'이라고 합니다.

지구에 영향을 미치는 건
태양뿐

결론을 말씀드리면, 태양과 지구는 실시간으로 상호 작용을 하고 있습니다. 그럼 지구가 태양을 돈다는 것은 어떤 의미일까요? 지구는 100퍼센트 태양의 영향권에 존재한다는 의미죠. 그렇더라도 저는 다음과 같은 논리는 인정하지 않습니다. "오행이 목화토금수니까, 목은 목성의 영향, 화는 화성의 영향을 받는다…." 지구는 목성이나 화성을 중심으로 도는 게 아니라 태양을 중심으로 돌기 때문에, 맞지 않는 말이죠. 태양 입장에서 보면 지구를 포함한 행성은 모두 미미한 존재입니다. 모두 태양의 영향권에 놓여 있을 뿐, 서로 영향을 주고받지는 않습니다.

지구에게 결정적인 영향을 미치는 것은 오직 태양입니다. 지구에서 살아가는 생명체는 오직 태양과 지구의 관계에서만 영향을 받습니다. 예를 들어 태양의 고도가 낮을 때 태양 에너지를 적게 받으니 학자들이 그것을 상징적으로 수 기운이라고 이름 붙인 겁니다. 수성의 영향을 받아서 수 기운이 아니라는 거죠. 태양 고도가 높을 때 태양 에너지를 많이 받으니, 화 기운이라고 명명한 것이고요.

다시 강조하면, 지구는 태양의 영향을 받으며 태양과 실시간으로 상호 작용을 하고 있습니다. 지구에 한 생명체가 태어나고, 이 생명체가 호흡을 하는 순간, 이 생명체는 태양과 지구의 관계에 따라 실시간으로 변화하는 미묘한 파장 혹은 기운이라고 표현되는 작용의 영향을 받는 것입니다. 우리는 태양이 지구에 미치는 영향을 24절기라는 구분을 통해 파악할 수 있고, 절기를 통해 생명체가 어떤 기운을 지니고 태어났는지 확인할 수 있는 겁니다. 태양과 지구의 관계가 명리에서 구체적으로 어떻게 제시되는지는 뒤에서 더 알아보려 합니다. 그러면 타고난 기운에 대해 좀 더 구체적으로 이해할 수 있을 겁니다.

명리와 역학은
어떻게 다를까

이번에는 명리학 역사를 살펴본 후 사주 풀이 도구인 간지에 대해 말씀드리겠습니다. 우리는 역술가가 아닙니다. '역술가가 되려고 왔는데 역술가가 아니라고?' 하며 어리둥절할 분이 있을지 모르겠습니다. 역술가라는 단어를 저는 좋아하지 않습니다. 멋있게 들리지만 많은 오해를 불러일으키기 때문이죠.

보통 명리 하면 다음처럼 생각하는 분이 많습니다.

> 고대 중국에서 음양오행과 간지, 즉 천간과 지지가 만들어지고, 주나라 때 이런 철학적 관념과 도구를 바탕으로 해서 동양사상의 정수가 담긴 책 《주역》이 지어졌다. 《주역》을 바탕으로 사주 이론이 나왔고, 현재까지 이어지고 있다.

동양철학은 역학˚에서 비롯되었고, 특히 명리 공부를 하는 사람들의 뿌리는 역학이다, 그러므로 명리학자, 동양철학자는

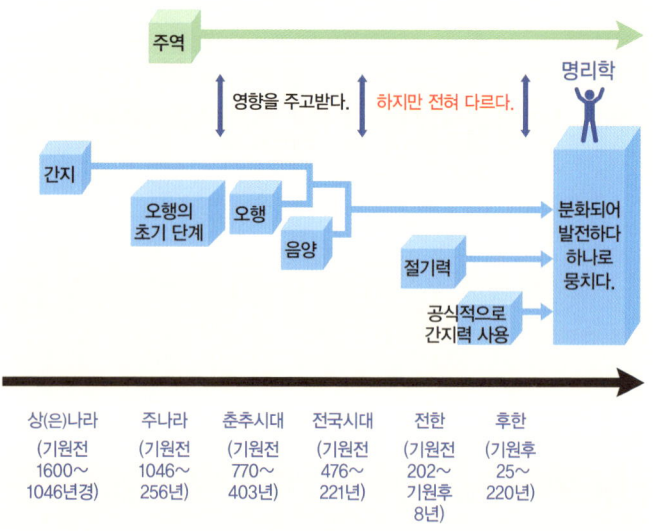

《주역》과 명리의 발전사

모두 역술가라는 주장입니다. 잘못된 내용입니다! 역학과 명리학은 발전 과정도, 체계도 전혀 다릅니다. 역학과 명리학은 완전히 다른 범주에 속해 있습니다.

명리학과 역학은 뿌리가 다르고, 전혀 다르게 발전해 왔습니다. 역학의 학문 대상인 《주역》은 주나라 문왕의 점서를 말합니다. 주나라 때 창작된 이후에 현재까지 연구되고 있습니다. 반면 명리학의 간지는 문자가 쓰이기 시작한 상나라 때 등장합니다. 그 유명한 갑골문을 통해 간지의 존재를 확인할 수 있습

- 《주역》의 괘卦를 해석하여 음양 변화의 원리와 이치를 연구하는 학문.

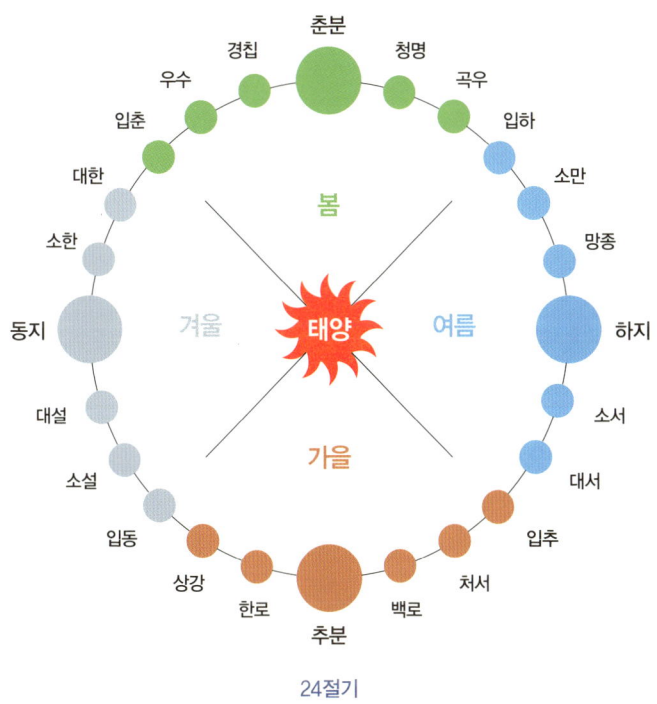

24절기

니다. 그리고 춘추시대에 오행이라는 철학 개념이 등장합니다. 오행 이론은 이후에 좀 더 정교한 체계로 발전을 거듭합니다. 음양 개념은 전국시대 초반에 등장합니다. 절기력(24절기 체계)은 전한 때 등장합니다. 기원후인 후한에 이르면, 공식적으로 국가에서 간지력●●을 사용합니다. 이렇듯 《주역》에서 명리학이 파생된 것이 전혀 아닙니다.

물론 역학은 동양철학의 시원이 되는 사상입니다. 하지만 명

●● 지금 우리가 사용하는 양력이나 음력의 숫자로 된 달력이 아니라 갑자, 을축, 병인 등의 간지로 연월일시를 표시한 달력을 말한다.

리의 음양 철학, 오행 철학이 《주역》을 철학적으로 해석할 수 있도록 도움을 준 것이지, 《주역》이 모든 이치를 다 포괄하고 있다고 봐서는 안 될 것입니다. 동양철학계에서 비롯된 신인神人이 현대인도 모르는 우주와 자연의 이치를 꿰뚫고 있었고, 우매한 현대인들이 그 신인이 저술한 《주역》을 통해 자연의 이치를 깨닫고 연구해야 한다는 생각은 이제 버려야 합니다. 신화적인 방법론은 종교나 영성 분야에 양보해야 합니다.

간지의 기원

이번에는 간지의 역사에 대해 말씀드리겠습니다.

상나라는 기원전 1600년에서 1046년까지 존재했던 나라입니다. 제 학창 시절에는 은나라라고 불렀습니다. 1899년에 은허(殷墟, '은나라 터' 혹은 '은나라의 황폐해진 흔적'이란 뜻) 지방에서 수만 개의 갑골문이 발견되기 전까지는 전설상의 국가로 여겼습니다. 그런데 갑골문의 기호를 해석해 보니 실제로 존재했던 나라였던 거죠.

상나라의 갑골문

상나라는 중국 최초의 국가로 평가받습니다. 하나라를 비롯해 이전의 나라들은 대륙의 일부 지역만 통치하는 수준이었다면, 상나라는 비교적 넓은 지역에 문화, 경제, 종교적으로 영향을 미치는 강대한 국가의 형태를 갖추었던 것이죠.

고대의 많은 국가가 그랬듯이 상나라 역시 제정일치의 신정국가였습니다. 신정국가는 점복을 통해 중대사를 결정했지요. 국가의 최고 권력자인 왕이 곧 제사장이었습니다. 상나라에서도 왕이 점복을 통해 국가의 중요한 일들을 결정했습니다. 전쟁을 할지 말지부터 성의 증개축, 왕실 의례 등 국가의 중대사까지 인격신인 상제에게 뜻을 물었지요. 상제의 뜻을 묻기 위한 수단으로 점을 친 것이고요. 그리고 점의 내용과 결과 즉, 길흉을 갑골에 기록했습니다.

점을 치는 과정은 이렇습니다. 주로 거북이 등껍질(갑)이나 소의 견갑골(골)을 점의 도구로 썼습니다. 거북이 등껍질의 안쪽에 점사를 씁니다. '이번에 서쪽으로 정벌을 떠나는데, 그 결과가 어떻게 될까요?'라는 식으로 상제에게 묻고 싶은 내용을 상형문자로 기록합니다. 그다음 거북이 등껍질을 뜨거운 숯에 올리면 뜨거운 열기에 등껍질이 팽창, 변형하면서 균열이 일어나요.. 이 균열 자체가 곧 점의 결과를 의미하는데, 왕이 이 균열 무늬를 해석합니다. 당연히 추상적인 어떤 무늬가 나올 것인데, 왕이 해석 권한을 갖는 것이죠. 그리고 그 해석 결과를 문자로 기록합니다. 길, 흉 이런 식으로요.

갑골문

"갑골들은 정인貞人이라는 특수 집단이 관리했고, 점복을 했다. 정인이란 갑골을 정리하고 관리하면서 점복을 했던 책임자를 일컫는다. 신탁의 길흉은 왕이 직접 풀이하지만 신에게 묻는 행위는 정인이 담당했다. (…) 점복은 인간이 하늘의 뜻을 물어 응답을 구하는 신성한 행위이다. 점을 치는 데 순서가 있다. (…) 이 복卜의 모양을 보고 왕이 직접 길흉을 판단했다. 정인은 왕으로부터 풀이된 내용을 듣고 이를 기록하고, 왕이 풀이한 길흉이 맞는지 여부도 기록했다."[4]

기호이자 점술 도구

갑골문에는 점을 친 날짜와 점의 내용, 결과까지 빼곡히 기록되어 있습니다. 갑골문은 많이 해독돼 있는데, 예를 들면 점의 내용은 이렇습니다.

"기해일에 점을 치고 묻습니다. 병에게 남쪽에 있는 곡물 창고를 순찰하도록 명할까요?"
"신미일에 점을 치고 쟁이 묻습니다. 부호(상나라의 왕비)에게 지알과 연합해 파방을 치게 하고, 대왕은 친히 동쪽에서 진격하면 부호가 주둔해 있는 곳에서 함몰시킬 수 있을까요?"
"강인 아홉 명과 소 아홉 마리를 베어 제사를 지낼까요?"

세 번째 점의 내용만 볼게요. 인신공양이 이루어졌다는 겁니다. 강인은 이민족인 유목민을 말해요. 상나라의 역사는 인신공양의 역사로도 통하는데, 하늘에 제사를 지낼 때 산 사람을 바치는 인신공양 문화가 만연했습니다. 주로 주변의 유목민인 강인들을 사냥해서 인신공양으로 바치고, 노예로도 부렸습니다.

"갑신날, 점을 치고 묻습니다. 부호가 출산하는데 아들일까요?"

태어날 아이가 왕자인지, 공주인지도 묻습니다. 비교적 사소한 일들까지 점복에 의지했다는 사실을 알 수 있죠. 이처럼 갑자, 을축, 병인, 정묘 하는 60간지는 상제의 의향을 묻기 위한 점술의 도구였습니다.

또한 간지는 신성한 기호 체계였습니다. 당시 상나라 왕실과 귀족들 이름에는 모두 간지가 들어 있었습니다. 다음은 상나라 역대 황제들 이름을 나열한 것입니다. 공통적으로 어떤 글자가 들어갑니까? 천간입니다.

천간 : 갑甲 을乙 병丙 정丁 무戊 기己 경庚 신辛 임壬 계癸

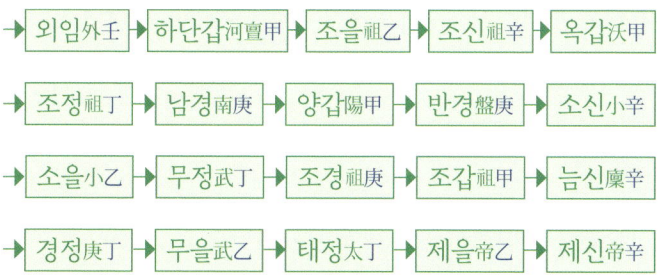

황제와 귀족들 이름에 간지가 쓰였다는 것은 이 간지라는 기호가 신성한 것이었음을 말해 줍니다.

간지와 오행의 결합은 춘추시대

간지는 날짜를 기록하는 기호이기도 했습니다. 60간지로 하루하루를 표시했던 것이죠. 상나라 때도 수라는 개념이 있었고, 심지어 왕실 자제들은 수학 교육을 받았습니다. 다만 이때의 간지는 음양오행과 결합되어 있지 않았습니다. 순전히 날짜를 나타내는 기호로 쓰였죠. 일례로 미未는 간지의 하나로 그저 날짜를 의미하는 것 외에는 다른 뜻이 없었습니다. 이렇게 추론할 수 있는 근거는 음양 개념이 전국시대 초반에 등장했기 때문입니다. 오행과 간지가 결합된 건 아무리 일찍 잡아도 춘추시대로 봐야 합니다.

인류 문명의 관점에서 보면, 갑골문의 상형문자들은 이후에 한자로 발전한다는 점에서 큰 가치가 있습니다. 상나라 당시에는 비록 날짜를 의미하는 기본적인 의미만 담고 있었지만요. 현재 우리가 쓰는 한자의 의미는 대부분 후대에 추가된 것입니다. 갑골문의 상형문자가 가지고 있던 기본적인 의미들이 시대를 거치면서 분화, 심화, 발전해 현재의 한자가 된 것이죠.

그런데 명리 수업을 듣거나 명리 관련 책, 유튜브, 블로그 등을 보면 다음과 같은 설명이 많이 나옵니다.

'갑목이 왜 저런 모양인지 아세요? 갑목은 봄의 기운입니다. 엄청난 상승의 기운이죠. 이 상승의 기운을 표현하기 위해서 씨앗이 땅을 뚫고 나오는 형상이 된 겁니다.'

'을목은 왜 이렇게 부드럽게 휘어지는 모양일까요? 을목은 넝쿨입니다. 유연하죠. 을목의 유연성을 나타내기 위해 이렇게 휘어 있는 겁니다.'

'미토는 한자로 아닐 미죠? 그래서 사주에 미토가 있는 사람들은 아무리 노력해도 그 결과가 잘 드러나지 않아요. 왜? 아닐 미니까요!'

상나라 사람들이 가장 열중했던 것은 인신공양을 통해 상제의 기분을 맞추고 미래의 길흉을 점치는 것이었습니다. 갑골문은 대부분 인신공양에 쓰일 포로를 사로잡고, 처리하고, 바치는 과정을 의미하는 단어였어요. 이 시기에는 철학적 개념이 싹틀 만큼 인간 중심의 세계관이 자리 잡지 않았고, 더욱이 그런 복

잡한 사유가 문자의 의미로 비집고 들어갈 상황도 아니었죠.

아직도 많은 분이 간지에 처음부터 음양오행 개념이 포함되어 있었고, 더 나아가 현재 우리가 쓰는 한자의 의미까지 포함되어 있었다고 생각합니다. "《주역》= 간지 = 음양오행 = 동양철학 = 역학"이라는 등식이 이런 오해를 낳은 것입니다. 초기의 간지는 AaBbCcDdEe로 치환해도 좋을 만큼 순수한 기호였고, 이후에 지구 운행의 패턴을 간지라는 기호 체계로 정리했다고 생각하는 것이 좋습니다.

지지와 동물을 연결하지 말 것!

지지 : 자子 축丑 인寅 묘卯 진辰 사巳 오午 미未 신申 유酉 술戌 해亥

여기서 절대 하지 않았으면 하는 것 하나를 더 말씀드리겠습니다. 흔히 지지 즉 자, 축, 인, 묘, 진, 사, 오, 미, 신, 유, 술, 해에 동물을 연결하는데, 하지 마시라고 말씀드립니다. 명리는 지구의 운행에 의미를 부여하고, 그 의미로 인간의 삶을 해석하는 학문입니다. 우리의 탐구 주제는 태양 에너지의 많고 적음과 인간 삶의 상관관계예요. 꼭 비유를 써야 한다면 태양 에너지의 많고 적음을 직관적으로 드러낼 수 있는 기후나 계절과 관련된 것들, 우리 주변에서 관찰할 수 있는 물상적인 것들에서 그쳐야 합니다. 동물까지 나아가면 안 됩니다.

뒤에서 천간에 대해 자세히 다룰 건데요, 그때 무토는 땅인데, 확장성이 있는 땅이라는 설명을 할 겁니다. 무토의 핵심은 '확장하는 힘'이거든요. 이 확장하는 힘을 효과적으로 설명하기 위해 땅이라는 물상, 사막이라는 물상, 대륙이라는 물상을 비유적으로 쓰는 거죠. 대중에게 잘 전달하기 위해 자연물의 이미지를 잠깐 빌려다가 쓰는 건데, 여기서 더 나아가 지지에 동물의 의미까지 부여하는 건 정도를 벗어난 것이라고 생각합니다.

어차피 비유인데 왜 자연물은 되고, 동물은 안 되느냐고 반문하실 분도 있을 겁니다. 대표적인 자연물인 대륙을 예로 들면, 대륙의 성질과 특성은 사전적으로 정의할 수 있습니다. 또한 대부분 사람이 대륙 하면 비슷한 이미지를 떠올립니다. 하지만 닭은 어떻습니까? 명리에서는 지지의 유금을 닭으로 비유하는데, 닭의 호전적이고 날카로운 특성을 유금과 연결합니다. 하지만 호전적이고 날카로운 동물이 비단 닭뿐일까요? 모든 닭이 호전적이고 사나운 성질을 가지고 있는 것도 아니죠. 아주 주관적이고, 임의적인 비유일 뿐입니다. 또한 어떤 사람에게는 닭이 사나운 동물로 떠오르고, 어떤 사람에게는 병아리를 키우는 자애로운 동물로 인식될 수 있습니다. 이렇게 떠올리는 이미지가 제각각일 수 있어 동물은 선을 넘는 비유라는 것이죠.

지지의 진토는 용으로 비유됩니다. 2024년이 되자 "갑진년은 청룡의 해"라면서 귀여운 용 인형을 판매하고는 했지요. 심지어 명리를 공부한다는 사람들이 진토는 상상 속의 동물이기 때문에 사주에 진토가 있는 사람은 허영이 심하다고 합니다. 용은 최고 권력을 상징하니 사주에 진토가 있으면 엄청난 권력욕이 있다고 얘기하고요. 말도 안 되는 이야깁니다. 사주에 진토가 있으면 무척 안정적이고 현실적인 삶의 태도로 드러납니다. 나중에 지장간을 배우면 자세히 알게 될 겁니다. 간지는 태양의 고도를 나타내는 기호일 뿐입니다. 지지를 동물에 비유하는 것은 동아시아 문화와 명리가 잘 조화를 이룬 사례이지만, 이런 임의적인 상징 체계를 걷어 내야 본질을 똑바로 이해할 수 있습니다.

《주역》은 무엇일까

《주역》은 말 그대로 점서입니다. 점을 치는 책입니다. 《주역》은 크게 두 종류로 나뉩니다. 점치는 책인 점서와 그 점서를 해석해 놓은 해설서지요. 점서를 《경문經文》이라고 하고, 해설서를 《전문傳文》이라고 합니다.

《경문》은 괘에 관한 간단한 기록인 괘사와, 효에 대한 간단한 기록인 효사로 이루어져 있습니다. 주나라 시조인 문왕이 쓴 책입니다. 문왕이 주나라 시조니까, 문왕은 어느 나라 사람이었을까요? 이전 국가인 상나라 사람입니다. 훗날의 문왕이 다스리던 곳은 상나라의 변방 소읍이었고, 문왕은 이 소읍의 부족장이었어요. 문왕은 유목민인 강인을 사냥해서 상나라에 인신공양 제물로 바치면서 상나라와 제후 관계를 유지했습니다. 이 과정에서 상나라의 점복에 관심을 갖게 됩니다.

문왕은 도대체 상제에게 뜻을 물으려면 어떻게 해야 할까, 점복은 어떤 과정을 거쳐 이루어지고 해석은 또 어떻게 하는 것

주나라 문왕

일까 등의 의문을 풀기 위해 직접 갑골문에 점을 쳐서 그 과정과 결과를 기록했습니다. 이렇게 탄생한 것이 《주역》입니다. 문왕이 남긴 《경문》의 내용은 상징적으로 쓰여 있어 해석이 쉽지 않습니다. 맥락을 살펴보면, 우주와 자연에 대한 통찰을 담은 책은 아니고 강인 사냥법, 전쟁의 길흉, 본인이 겪은 시련과 주나라의 흥망성쇠에 대한 물음과 해석이 담긴 것으로 보입니다.

《전문》은 공자, 소동파 같은 후대 사람들이 《경문》의 내용을 인문학, 철학적으로 해석해 놓은 해설서를 말합니다. 공자가 쓴 것으로 전해지는 《십익十翼》*이 대표적입니다. 이후에 공자의 제자 자하가 쓴 《자하역전子夏易傳》, 소동파가 쓴 《동파역전東坡易傳》, 주희가 쓴 《주역본의周易本義》 등도 나옵니다. '전'이나

- 〈단전象傳〉 상하, 〈상전象傳〉 상하, 〈계사전繫辭傳〉 상하, 〈문언전文言傳〉, 〈서괘전序卦傳〉, 〈설괘전說卦傳〉, 〈잡괘전雜卦傳〉 모두 10편으로 이루어져 있다.

2강 사주의 전제와 명리의 태동 101

'의'라는 말은 보통 해설서에 붙습니다.

《주역》이라고 하면 보통 주나라 문왕의 점서《경문》과 공자의 해설서《십익》두 가지를 말한다고 보면 되겠습니다.

갑골점을 체계화한 문왕

문왕의 업적은 갑골점의 결과를 효爻와 괘卦라는 체계를 통해 분류, 정리했다는 점입니다. 상나라의 갑골점이 문왕에 이르러 체계적으로 정리된 것이죠.

그럼, 주역의 기본 체계를 살펴볼게요. 효는 음, 양을 나타내는 막대기를 말합니다. 하나의 막대기 ▬는 양효, 둘로 쪼개진 막대기 ▬ ▬는 음효입니다. 효 3개가 모이면 괘라고 하고요. 8개 종류의 괘를 건괘, 태괘, 리괘, 진괘, 손괘, 감괘, 간괘, 곤괘라고 부릅니다. 사건의 선후, 원인과 결과를 드러내기 위해 괘 2개를 위아래로 붙이면 우리가 아는 그 64괘가 나옵니다. 이상이 주역의 기본 체계입니다.

《주역》은 우주의 질서를 이진법의 체계로 이해했습니다. 《십익》중 한 편인〈계사전〉에 이런 말이 있습니다.

> 역유태극 시생양의 양의생사상 사상생팔괘
> 易有太極 是生兩儀 兩儀生四象 四象生八卦

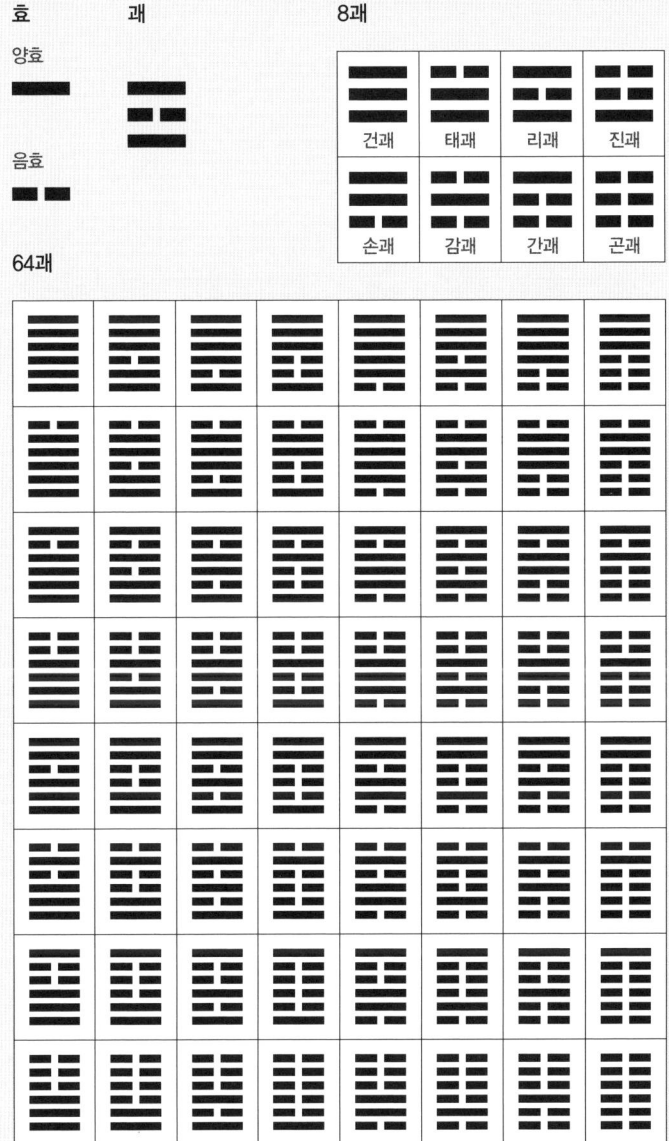

《주역》의 기본 체계

무슨 뜻이냐면, "처음에 태극이 있었고, 이 태극이 2개로 나뉘고, 이 2개가 4개가 되고, 4개가 8개가 된다"는 뜻입니다. 우주의 구성, 우주의 법칙을 양과 음이라는 이진법으로 이해한 것이 주역의 시스템이라고 보면 됩니다. 2의 0승, 2의 1승, 2의 2승, 2의 3승, 2의 4승 쭉 나가는 거고요.

《십익》을 보면, 《중용》˙처럼 조화의 가치관이 강조됩니다. 《주역》이 자연의 질서로 인간의 삶을 이해하려는 사상이자 철학이란 점도 잘 드러나죠. 물론 이런 내용은 문왕의 철학이 아니라, 해설서가 쓰인 춘추전국시대 당시에 싹튼 철학입니다.

상나라에서 유행하던 점술은 문왕이 개국한 주나라를 거치면서 좀 더 표준적인 도구를 갖추게 됩니다. 상나라 때는 갑골의 추상적인 무늬를 보고 길흉을 점쳤다면, 주나라 때는 갑골의 추상적인 무늬에 의지하지 않고, 체계적이고 객관적인 64괘를 통해 하늘인 상제의 뜻을 물었던 것이죠.

한편 《주역》은 '변화'를 불러일으켰습니다. 폭력적인 방식에서 평화적인 방식으로, 비용을 많이 들이는 방식에서 줄이는 방식으로의 변화입니다. 구체적으로 살펴보면, 상나라 때의 점술은 거창한 의례의 과정에서 행해져 비용이 많이 들었고, 사람도 많이 희생됐습니다. 상제에게 의견을 물을 때마다 많은 사람이 죽어 나갔고, 많은 에너지가 소모되었던 겁니다. 반면 주나라 때는 더는 인신공양을 하지 않았고, 과도한 의례도 진행하지 않

● 공자의 손자 자사가 쓴 책으로, 인간의 본성과 중용의 덕에 대해 다룬다.

았습니다. 64괘라는 객관적이고 표준적인 도구로 점을 쳤기 때문에 과도한 퍼포먼스가 필요 없었던 것이죠.

물론 상나라나 주나라나 하늘의 뜻을 묻는 것은 같지만 표준적으로 바뀐 것이 《주역》이라고 이해하면 됩니다. 갑골을 통해 추상적인 무늬를 해석하던 것이 《주역》에 이르러서는 체계적인 괘로 객관적으로 해석하는 길이 열린 겁니다. 상나라 때의 점술이 주나라로 넘어오면서 좀 더 체계적이고, 현대적이고, 과학적으로 변한 거죠. 인류 문명은 어떻게 바뀌고 있습니까? 신화적인 세계에서 논리적인 세계로 바뀌고 있죠. 이런 큰 변화의 흐름을 상나라와 주나라의 점술 방식에서도 확인할 수 있습니다.

《주역》 이후에 나온 음양 철학

이제 명리와 《주역》의 관련성을 살펴보겠습니다. 문왕의 점서인 《경문》에는 음양이라는 단어 자체가 없습니다. 당시에는 세상을 둘로 구분하는 방식인 음양이라는 철학 체계를 가지지 못했다는 뜻이죠. 음양학의 뿌리가 《주역》이 아닌 거죠. 이 사실을 명심하면 좋겠습니다.

음양과 《주역》은 전혀 다른 체계에 놓여 있었습니다. 《전문》은 공자 이후에 쓰입니다. 춘추전국시대로 넘어오면서 드디어 음양의 체계로 《주역》을 이해하려고 해요. 《주역》에서 음양이

나온 것이 아니라 음양의 체계로 《주역》을 해석하려고 한 것입니다.

　장자도 "역은 음양을 말한다"고 합니다. 이것만 봐도 후대의 연구자들이 문왕의 우주관이 음양에 바탕을 두고 있다고 의미를 부여했음을 알 수 있습니다. 《주역》은 순수한 점괘 책에 불과한데, 공자 같은 위대한 후대 사상가들이 집필한 《전문》들은 음양학의 영향을 받은 것입니다. 문왕 이후에 싹튼 철학 개념인 음양으로 《주역》을 풀어내고 있는 것이죠.

《주역》의 단짝은 타로

점에 대한 이야기가 나왔으니, 점과 명리의 관계에 대해 마저 정리를 해 보겠습니다.

요즘 주역타로가 선풍적인 인기를 끌고 있죠? 타로는 그림으로 되어 있고,《주역》은 기호로 되어 있는 것이 다를 뿐 둘은 비슷합니다.《주역》기호의 의미를 해설하는 책이 많듯이 타로 역시 타로의 그림이라는 기호를 해설하는 책이 많죠. 사실 역학의 친구는 명리가 아니라 타로예요.

역학의 친구는 타로

명리는 점이 아닙니다. 명리는 인간의 기운을 해석하는 방법론을 말해요. 명리와 역학은 오히려 거리가 멀고, 역학 옆에 타로가 있다고 이해하면 되겠습니다.

역학은 명리가 아니라 타로와 가깝다.

점은 말씀드린 것처럼 발전해서 《주역》이라는 표준화된 도구를 갖게 되었습니다. 이 도구를 사용하면 어떤 장점이 있을까요? 추상적인 무늬를 놓고 풀이하는 예전의 점은 풀이하는 사람 마음이었는데, 《주역》은 표준화된 도구 64괘로 해석을 하니 객관성을 확보하게 된 겁니다. 이전엔 오로지 점술가의 영험함, 신령함에 의지했다면, 《주역》 이후에는 판단 근거가 생긴 거죠. 《주역》이 생기기 전에는 점술가가 자기 앞에 있는 사람을 좋지 않게 생각하면, 어떤 무늬가 나와도 "너, 곧 죽어!" 같은 부정적인 해석을 할 수 있었다면, 《주역》 이후에는 점술가의 재량권이 제한되었다는 겁니다. 마음대로 못한다는 거죠. 그 덕분에 좀 더 이성적이고 합리적인 방향으로 점이 발전한 거죠. 신뢰도

더 얻고요.

　또 예전의 점은 주로 왕이나 지배 계층의 전유물이었습니다. 점을 치는 행위는 그 자체가 국가 의례였고, 국가 구성원의 단합을 위해 꼭 필요한 것이었습니다. 하지만 현대의 점은 개인의 대소사를 점치는 것으로 발전했죠. 일례로 타로 상담가가 가장 많이 받는 질문이 "남자친구랑 헤어졌는데 언제쯤 연락이 올까요?"랍니다. 이제는 점이 정말 개인의 고민을 해결하는 데 쓰이는 도구가 된 거죠.

《토정비결》은 사이비 점술책

　《토정비결》은 그냥 사이비 점술책입니다. 《토정비결》은 혼란스럽고 격변하는 시기인 1920, 30년대에 나온 거예요. 심지어 토정 이지함 선생이 쓴 책도 이론도 아닙니다. 이지함 선생은 명리나 오행 공부도 안 하셨어요. 영혼이 자유로운 지방 관리였을 뿐입니다. 사고방식이 틀에 얽매이지 않아 기존의 제도권과 타협하지 않았죠. 관리가 되면 재정을 확보하기 위해 지방의 기존 세력들과 손을 잡고 그 과정에서 비리가 생기는데, 이지함 선생은 그렇게 안 한 겁니다. 관례대로 하지 않고, 말 그대로 백성을 위한 정치를 펼친 거죠. 멋있는 시도였지만, 결국 초라하게 내리막길을 걷습니다. 이런 삶이 역사에 기록으로 남아 있었던 거죠.

그런데 영웅을 기다리는 대중 심리가 이지함 선생을 향하면서 도력을 지닌 위인으로 재탄생한 것입니다. 《토정비결》은 근대의 한 역술가가 이지함 선생을 신격화한 후 "이 책은 토정 이지함 선생님이 쓴 비서야" 한 것뿐입니다. 당시 유행하던 역술 이론을 얼기설기 조합해 만든 사이비 점술책으로 보면 되겠습니다.

명리와 점은
어떻게 다를까

타로점 보신 적 있나요? 타로의 전제는 인간의 선택은 우연히 일어난 것이 아니라 어떤 기운의 영향을 받는다는 겁니다. 내담자가 어떤 카드를 선택했다면, 그 선택은 우연이 아닌 이 선택한 사람의 현재 상황이 반영된 것이고요. 더 깊이 올라가면 우주에 우연은 없다는 겁니다. 모든 행동과 원인은 긴밀하게 연결되어 있어, 당분간 내가 잘될 거면 좋은 카드를 뽑고, 당분간 안 좋을 거면 나쁜 카드를 뽑는다는 거예요. 인간의 의지가 선택에 영향을 미친다는 겁니다. 모든 물질은 서로 연결되어 있고, 기묘하게도 인간과 카드는 상호 작용을 한다는 거죠. 카드 같은 도구를 통해 가까운 미래를 포착할 수 있다는 것이 타로점을 비롯한 점의 전제입니다.

저도 우리의 현재는 미래와 연결되어 있다고 생각합니다. 재미있는 사실은 점의 전제를 좀 깊이 파고들어 가면 결국에는 양자론과 연결된다는 것입니다. 양자론의 원격 작용과 연결됩니다. 어느 한 곳의 입자가 멀리 떨어진 곳에 영향을 미친다는 것이 양자론에서 말하는 원격 작용이죠. 아인슈타인은 살아생전에 양자론을 줄곧 비판했죠. 다음처럼 투덜대지 않았을까요?

"그거 좀 짜증나고 으스스한 귀신 같은 걸세. 그걸 왜 믿나? 양자론은 심각한 가짜 과학일세!"

아인슈타인이 틀렸다는 건 시간이 지나면서 밝혀지고 있죠. 실험에 의해 원격 작용이 증명되고 있는 겁니다. 타로도 인간의 어떤 기운을 반영한 것이기 때문에 사람들에게 인정받고 지금도 점술 도구로 널리 쓰이고 있지 않나 싶습니다.

순간의 기운을 포착하는 점술가, 비평가 명리학자

점과 명리가 어떻게 다른지 비교해 볼게요. 점술가의 역할은 '포착'하는 거예요. 자기 앞에 앉아 있는 내담자의 순간의 기운을 포착해야 되기 때문에 점을 치는 사람은 자신의 마음을 깨끗하게 만드는 것이 중요합니다. 점술가들이 아침마다 폭포 아래의 바위에 앉아 기도하는 이유죠. 수양을 하는 겁니다.

"내 마음이 깨끗해야 좋은 이름이 들어와. 그 좋은 이름을 네 자식이 가져야 평생 잘 살 거 아냐? 마음을 깨끗하게 하려면 수련을 해야 돼."

이게 점술가의 마음이죠. 깨끗한 도화지에 예쁜 그림이 그려질 수 있는 겁니다. 점을 잘 치려면 기도하고 수련해서 마음이라는 도화지를 깨끗하게 만들어 놓아야 하죠.

명리학자는 점술가가 아닙니다. 명리학자는 해석하는 사람입니다. 학자예요. 분석하는 능력이 필요한 사람들입니다. 명리학자에게는 이성적인 판단력과 분석력, 일관성과 체계성 그리고 사주를 풀이해 보는 훈련과 경험이 필요합니다. 명리학자는 탐정이자 비평가의 자세로 팔자라는 기호를 연구, 해석합니다. 사주를 잘 보려면 기도를 많이 해야 할까요? 아닙니다. 꾸준히 고민하고 연구해야 합니다.

이런 특징 때문에 명리와 가장 잘 어울리는 직업이 비평가입니다. 문학이나 영화 등을 비평하는 사람들 말이죠. 예술 평론가들은 주로 무슨 일을 하나요? 작품에 담긴 어떤 이치를 발견하죠. 가령 러닝타임이 두 시간인 영화에 담긴 메시지를 끌어내는 겁니다. 어떤 이론에 영화를 대입해 해석하죠. 명리학자도 마찬가지입니다. 평론가들이 사용하는 이론은 시대에 따른 다양한 문화 사조라면, 명리학자가 사용하는 이론은 음양오행의 상생상극이라는 단일한 체계라는 점이 다를 뿐이죠. 본질적으로는 같은 활동으로 볼 수 있습니다.

다시 강조하면, 《주역》은 명리의 뿌리가 아닙니다. 《주역》은

2, 4, 8, 16…의 이진법 체계이지만, 명리는 음양이라는 2, 오행이라는 5의 체계입니다. 특히 극명한 차이를 보이는 것이 오행의 5입니다. 5는 홀수인 반면, 《주역》의 2, 4, 8은 짝수입니다. 이처럼 《주역》과 명리는 지구와 우주를 이해하는 체계 자체가 완전히 다릅니다. 또 《주역》은 순간순간 의문이 들 때 하늘에 의견을 묻는 점의 도구라면, 명리는 인간에게 이미 부여된 기운을 해석하려는 도구라는 차이점이 있습니다.

음양오행의 기원

오행에 대해 이야기하겠습니다.

오행에 관한 최초의 기록은 어디에 있을까요? 《서경書經》입니다. 《서경》은 유교의 오경● 중 하나인데, 공자가 요임금과 순임금 때부터 주나라에 이르기까지의 정사政事에 관한 문서를 수집해 편찬한 책이라고 하죠. 하지만 신빙성이 좀 떨어집니다. 후대의 학자들은 《서경》이 무수히 재편집되고 덧붙여졌다고 생각합니다. 심지어 전국시대에 쓰였다는 의견도 있습니다.

《서경》의 〈홍범〉 편에 최초로 '오행'이란 단어가 나옵니다.

"하나는 수고 둘은 화이고… 수는 윤택하여 아래로 흐르게 하고… 화는 불타오르고 목은 굽거나 곧고…"

● 《주역》,《서경》,《시경》,《예기》,《춘추》를 이른다.

설령 이 기록을 진짜로 믿을 수 있다 하더라도 여기서의 오행 개념은 아주 기초적이고 관념적인 수준입니다. 자연물과 숫자의 차원에 머물러 있으니까요. 오행의 본질은 담겨 있지 않습니다. 그럼 오행의 본질은 무엇일까요? 화는 불꽃이라서 위로 올라가고 수는 물이라서 아래로 내려오는 것이 아닙니다. 오행 이론의 핵심은 오행은 서로 관계를 맺는다는 것이죠.

"화가 금을 극하고, 금이 목을 극하고, 목이 토를 극하고, 토가 수를 극하며, 수가 화를 극하고, 다시 화가 금을 극하고…."

오행의 생극

이런 관계성이 오행의 본질이죠. 우주는 결국 관계로 이루어져 있으니 이 관계성을 통해 우주 만물의 이치를 다 꿰뚫을 수 있는 겁니다. 그런데 《서경》의 오행에는 관계에 대한 내용이 전혀 없습니다. 진정한 오행 이론이라고 할 수 없죠.

오행은 전국시대인 기원전 3, 4세기가 되어서야 음양가에 의해 체계를 갖춥니다. 춘추전국시대에는 다양한 사상이 꽃을 피웠고 이런 사상들과 관련 학자들을 통칭해서 제자백가諸子百家라고 합니다. 제자諸子는 여러 학자를, 백가百家는 수많은 학파를 뜻하죠. 제자백가 중 음양가라는 학파가 있었는데, 음양가의 수장이 제나라에 살던 추연입니다. 음양오행 사상은 추연에 의해 정립되었습니다.

음양가는 음양 이원陰陽 二元과 오행五行을 종합한 일종의 자연철학 학파입니다. 사마천이 쓴 《사기》*에 보면 "법가, 명가, 묵가, 도가, 유가 등 주옥 같은 사상들이 있지만 그중 으뜸은 음양가다"는 대목이 나옵니다. 그만큼 당시 중국 사람들에게 오행 사상이 큰 영향을 미쳤다는 사실을 알 수 있지요.

노자의 유무 개념

그럼, 음양이란 말은 언제 나왔을까요?

음양 사상은 노자가 활동했던 형초 지방에서 태동하고, 발전해 왔습니다. 재미있는 건 《도덕경》에는 '음양'이라는 말이 딱 한 번 나오곤 등장하지 않는다는 사실입니다. 이 경우도 단순히 '그늘'과 '태양'을 의미할 뿐, 철학적인 의미로 쓰인 건 아닙니다.

노자가 살던 춘추시대에는 음양이라는 철학 개념이 없었고,

* 중국 한나라의 사마천이 전설 속의 황제 시대부터 전한의 무제까지를 다룬 역사책으로, 중국 역사책 중에서 가장 오래되었다.

노자는 유와 무라는 개념으로 자연과 인간사, 세상을 관찰했습니다. 노자가 말하는 유무와 명리의 음양은 결국 거의 같은 의미로 쓰이는데, 음양이라는 개념이 자리 잡혀 있었다면 노자가 굳이 유무라는 개념을 사용하지는 않았을 것입니다. 노자가 창안하고 적극적으로 활용한 유무라는 철학 개념이 먼저 자리 잡히고 나서, 시간이 흐르면서 유무라는 철학 개념이 음양이라는 단어로 대치되었다고 생각합니다. 전국시대에 이르러 음양가 학파가 음양오행 체계를 갖출 때 음양의 개념이 오행과 결합했다고 이해하면 좋겠습니다.

절기와 간지는
언제 시작되었을까

　명리의 중요한 기준인 24절기는 언제부터 사용되었는지도 알아보겠습니다. 절기는 전국시대부터 사용되었을 것으로 추정됩니다. 전한 시대의 책인 《회남자淮南子》*에 24절기에 대한 기록이 구체적으로 나오기 때문이죠. 이 무렵 태양력 체계가 완전히 잡혀 절기도 만들어질 수 있었던 겁니다. 이제 한 사람의 기운을 절기라는 일관된 기준으로 표현할 수 있게 되었고요. 무슨 년, 무슨 월, 무슨 일, 무슨 시, 즉 사주팔자를 뽑을 수 있게 된 거죠. 그러므로 24절기 체계가 갖추어진 다음에 진짜 명리가 시작될 수 있는 조건이 완성되었다고 볼 수 있습니다.

　2024년은 갑진년이고, 2025년은 을사년이죠. 언제부터 1년을 간지로 표현했을까요? 간지는 천간 10개와 지지 12개를 조합한 것으로, 육십갑자六十甲子라고도 합니다. 기원후 125년부

● 　기원전 2세기 중국 전한 시대 회남 왕 유안이 편찬한 일종의 백과사전이다.

천간

지지

60간지

터 1년을 간지로 표현했습니다. 역사가 오래돼 놀랐죠?

중국에서는 천문의 관찰을 통해 기원전 104년에 1년을 365와 1/4일로 측정한 역법(曆法, 달력 만드는 방법)을 도입합니다. 이때의 역법 체계를 태초력이라고 합니다. 시간이 흘러 태초력이 하루 이상의 오차를 보이자, 기원후 85년 사분력이 시행됩니다. 그리고 후한의 8대 황제인 순제가 즉위한 기원후 125년부터 1년을 간지로 기록하기 시작합니다. 그 전까지는 하루(날짜)만을 간지로 표현했는데, 이때부터는 을축년(125년), 병인년(126년) 하는 식으로 1년까지도 간지로 표현합니다. 비로소 역법과 음양오행, 간지가 하나로 결합된 것이죠.

오행, 24절기, 간지, 음양, 간지력의 공식 사용을 통해 인간은 자신이 태어난 시간을 정확하게 확인할 수 있고, 또한 태어난 시점의 의미를 음양오행으로 확인할 수 있게 되었습니다. 이제 명리학이 발전할 모든 준비가 끝났고, 인간 삶의 의미와 미래의 방향을 해석할 일만 남았습니다. 지금까지 어떤 과정을 거쳐 명리의 토대가 마련되었는지 살펴보았습니다.

명리는 학문

학문과 신화의 차이는 무엇일까요? 학문은 반드시 발전 과정을 거칩니다. 오랜 세월을 거쳐 비판받고 수정을 거치죠. 발전하면서 경험과 이치가 쌓이고 쌓여 점차 합리적인 방향으로 정리되어 갑니다. 반면 신화는 발전하지 않습니다. 신격화한 민족 영웅이나 위대한 지도자의 뜻이 곧 법이니, 그 법을 수용하고 몸에 익혀야 합니다.

저는 명리학이 '학문'이라고 자신 있게 말하지는 못합니다. 학문의 전당에 들어갈 자격을 검증받고 있는 중이라고 생각합니다. 명리학 논리에는 아직도 채워야 할 빈틈이 존재하니까요. 그러므로 우리는 명리학을 모르는 이들에게 객관적이고 합리적으로 설명하고 이해시키기 위해 더 진지하게 노력해야 합니다. 명리학을 공부하는 사람들끼리 서로 비판적인 토론을 할 수 있어야 하고요. 자신 있게는 아니고 '조심스럽게' 저는 명리학을 학문이라고 말씀드립니다. 그 이유는 명리학은 수많은 비판에 직면하면서 발전해 왔기 때문입니다.

수강생 질문

 사주에 없는 기운인데, 그런 기운과 관련된 직업을 선택해도 될까요?

사실 〈중급〉 과정 강의 이후에 나오면 좋을 질문입니다. 그 정도로 중요한 질문이죠.

사주에 없는 기운을 직업으로 운용하기는 어렵습니다. 없는 기운을 추구해야 한다는 시각은 잘못된 것이니, 빨리 버리시면 좋겠습니다. 없는 기운을 추구하라는 것은 존재하지 않는 파랑새를 좇으라는 희망 고문일 뿐입니다. 없는 기운이 중요하다는 시각은 균형을 지향하는 명리 원리와 맞지 않습니다.

저는 직업 선택에 관해서는 두 가지 방법론을 가지고 있습니다.

첫 번째 방법론은 사주의 많은 기운을 직업으로 쓰는 거예요. 직업, 생업의 특징이 뭡니까. 내가 좋아서 하는 일이기도 하지만 생계를 위해서 어쩔 수 없이 하는 일이기도 합니다. 종일 매달려야 하는 일이죠. 그렇다면 내 사주의 많은 기운을 직업으로 쓰는 게 좋을까요, 없는 기운을 직업으로 쓰는 게 좋을까요? 많은 기운을 직업으로 쓰는 것이 좋습니다. 왜냐면 사주의 많은 기운은 어떻게든 모습을 드러내니까요.

나중에 '용신'이라는 개념을 배울 텐데요, 용신을 배우면 우리 모두 '용신병'에 걸려요. 용신은 무조건 좋다, 용신만 추구해야 된다, 이런 이야기에 빠져들어 허우적댑니다. 간과해서 안 되는 것은, 인간은 어떤 많은 기운을 가지고 있는데, 그 많은 기운이 나의 고유성이라는 사실입니다. 그 많은 기운은 언제 어디서든 모습을 쉽게 드러내요. 그래서 저는 그 많은 기운을 억누르고 부정적으로 생각하기보다 차라리 그 많은 기운을 자꾸 써서 덜어 내는 쪽을 추천합니다. 많은 기운을 일상에서 쓰면서 덜어 내기에 가장 좋은 방법이 뭘까요? 직업으로 쓰는 겁니다.

두 번째 방법론은 사주에서 많은 기운 혹은 없는 기운이 아니라 추구해야 하는 기운과 관련된 직업을 선택하면 좋습니다. 사주 균형을 좌우하는, 아주 중요한 기운이 용신입니다. 용신은 추구하거나 어떤 조건에 의해 갖추어지면 좋은 기운이죠. 용신과 관련된 직업을 선택하면, 비교적 삶의 행복도가 높아진다고 볼 수 있습니다.

저는 이 두 가지 방법론을 바탕으로 개인의 사주나 대운, 환경과 상황에 맞는 방법론을 제안합니다.

사주에 오행이 다 있으면 좋은 건가요?

인터넷에 보면 '없는 오행을 끌어오는 방법'이라는 콘텐츠가 많습니다. 오행을 다 갖추는 게 좋다는 전제가 깔려 있습니다. 5개의 기운을 다 갖춰야 하는데 4개만 있다면 부족하다는 겁니다. 1개까지 갖추어야 완벽해진다는 거죠.

이 전제는 틀렸습니다. 그래서 마구잡이로 사주 공부를 하면 안 됩니다. 어떤 사주는 없는 오행을 추구했을 때 행복도가 높아지고, 어떤 사주는 없는 오행을 추구하면 오히려 행복도가 낮아지는 경우도 많습니다.

사주의 길흉은 오행을 다 갖추었느냐 아니냐에 있지 않고, 사주에 존재하는 오행들 간의 힘의 균형으로 결정됩니다. 이상론이 아니라 현실론입니다. 오행을 다 갖춘 사주가 좋은 사주가 아니라, 3개 기운을 갖추었는데 그 기운들이 균형을 맞추어야 좋은 사주예요. 오행의 균형(이상론)이 아닌 사주의 균형(현실론)이 길흉을 결정합니다. 논리적으로 존재하는 오행이 중요한 것이 아니라, 개별 인간의 타고난 기운들(그 기운이 몇 개든 간에)의 상호 작용이 더 중요합니다.

균형을 잡기 위해 각 사주에 필요한 오행이 무엇일지 고민하는 것이 사주 공부이지, 5개의 오행을 갖추어야 완전하니 없는 오행을 추구하라는 이상론을 설파하는 것이 사주 공부는 아닙니다.

 시간과 시간의 경계에서 태어난 사람들은 시간을 어떻게 결정해야 하나요?

일의 경계, 시의 경계에 태어난 사주는 인터뷰를 한 이후에 일이나 시를 확정합니다. 개인의 삶을 천천히 들여다보면, 일의 의미나 시의 의미가 드러나기 때문이죠. 일이나 시를 모를 경우, 성급하게 일이나 시를 단정할 필요는 없습니다.

팔자를 바꿀 수 없다면, 어떤 대처법이 있을까요?

일단은 내가 추구해야 될 기운이 있어요. 그 기운이 무엇인지 알아야 습관을 바꾸는 등의 노력을 해서 사주 균형을 잡을 수 있겠죠? 더 중요한 것은 나한테 많은 기운, 불리한 기운이 뭔지 알아야 합니다. 그래야 내가 어떤 문제에 넘어질 수 있는지 알 수 있어요. 좀 거칠게 말씀드리면, 명리를 공부하면 내가 망할 때 어떤 문제 때문에 망하는지 알 수 있어요.

내 문제를 알면 부정적인 상황들을 예방하거나 부정성을 조금은 줄일 수 있잖아요. 내 문제를 모르면 계속 똑같은 실수를 반복하면서 삶이 내리막길로 갑니다. 그러지 않기 위해 내 사주의 불리함이 무엇이고 유리함이 무엇인지, 장점이 무엇이고 단점이 무엇인가를 공부해서 파악해 놓으면, 남들보다 더 슬기롭게 삶을 살아갈 수 있는 거죠.

 절기 날짜는 왜 하루 이틀 달라지나요?

절기 날짜가 하루 이틀 달라지는 것은 절기력의 기준이 달력의 숫자가 아니라 태양의 고도이기 때문입니다. 태양의 고도를 24개로 쪼갠 다음에 그것을 날짜에 얹기 때문에, 하루 이틀의 차이가 나는 겁니다. 오히려 날짜가 하루 이틀 차이 난다는 것이 절기의 진가를 더 잘 드러낸다고 생각해요. 기준이 인간이 만든 인위적이고 자의적인 숫자 체계가 아니라, 태양의 고도라는 증거니까요. 태양의 고도라는 기준에 맞춰 인간이 자의적으로 만든 달력의 체계가 변동되는 것이니, 절기력은 인류가 만든 가장 정확한 달력의 체계죠.

문제 풀기

1. 탄생 시점과 관련된 내용이다. 옳은 것을 고르시오.
① 시작이 모든 것을 결정한다.
② 태어난 생년월일시로는 미래에 대한 단서를 얻을 수 없다.
③ 인간이 태어나는 시점의 기후와 온도가 사주에 영향을 미친다.
④ 사주가 똑같다는 것은 똑같은 삶을 살아간다는 뜻이다.
⑤ 명리학의 전제에서 시간은 하나로 연결되어 있고, 각각의 의미를 가진다.

2. 시간과 관련된 내용이다. 틀린 것을 고르시오.
① 사주는 절기학이다.
② 사주는 양력보다 음력이 정확하다.
③ 절기는 개념적이고 의도적, 불변적이다.
④ 시간을 결정하는 것은 태양과 지구의 관계성이다.
⑤ 태양의 고도를 측정해서 만든 달력이 바로 24절기력이다.

3. 명리학의 기원에 대한 설명 중 틀린 것을 고르시오.
① 고대에는 음양오행과 간지가 결합되어 쓰이지 않았다.
② 갑을병정무기경신임계는 상나라 황제들 이름에도 쓰였다.

③ 《주역》은 현재 명리학의 뿌리이며, 《주역》에서 명리가 발전되어 왔다.
④ 간지는 단지 아무 의미 없는 날짜를 나타내는 기호였을 뿐이다.
⑤ 《주역》과 명리학은 서로 영향을 주고받았지만 전혀 다르다.

4. 점과 명리학에 대한 설명 중 옳은 것을 고르시오.
① 점은 이성적인 판단력과 일관성, 체계성을 가장 중시한다.
② 명리학은 상담가의 컨디션과 마음 상태를 가장 중시한다.
③ 점을 잘 치려면 꾸준히 훈련하고 고민하고 연구해야 한다.
④ 추상적인 도구(쌀알, 커피 가루)를 쓰는 점은 명확한 판단 근거를 제시한다.
⑤ 표준화된 도구(타로, 점괘) 사용 시 점술가의 재량권이 제한되지만, 신뢰도는 향상된다.

5. 명리학에 관한 설명 중 틀린 것을 고르시오.
① 음양오행 사상은 전국시대 제나라 추연에 의해 정립됐다.
② 명리학은 분석해야 하기에 판단력, 분석력, 일관성, 체계성이 요구된다.
③ 사주의 기준은 절기력이자 태양력(태양의 고도)이기에 양력이 기준이다.
④ 학문은 비판받거나 수정되어서는 안 되고, 발전되어서도 안 된다.
⑤ 명리는 아직도 많이 미흡하지만 학문의 길을 걷고 있다고 말할

수 있다.

6. 갑골문에 관한 설명 중 틀린 것을 고르시오.

① 갑골문의 발견으로 전설상의 국가였던 상나라가 실존하였음이 입증되었다.
② 점을 치고 난 뒤, 점의 내용을 거북이 뱃가죽(갑골)에 기록하였다.
③ 갑골문에서의 간지는 날짜를 기록하기 위한 수단이면서 신성시되는 기호 체계였다.
④ 음양오행이 결합되어 쓰였음을 알 수 있다.
⑤ 상형문자로서 한자의 시원이 되었다.

7. 《주역》의 의의와 다른 것을 고르시오.

① 이진법 체계로 우주의 질서를 이해하려는 시도를 했다.
② 자연의 질서로 인간의 삶을 이해했다.
③ 중용과 조화의 가치관을 강조했다.
④ 점술가(무당)에 의지하던 점술이 표준적인 도구를 갖추었다.
⑤ 《주역》에서 명리학이 파생되었다.

8. 초기 점에 대한 설명 중 틀린 것을 고르시오.

① 우연히 생긴 추상적 무늬의 해석이다.
② 주관적이고 감각적인 해석이다.
③ 《주역》 점괘나 타로카드가 해당된다.
④ 판단 근거를 설명할 수 없다.

⑤ 오로지 판단하는 사람의 영험함, 신령함에 의지해야 한다.

9. 24절기에 대한 설명 중 틀린 것을 고르시오.

① 달의 월별 주기가 기준인 달력의 체계로, 음력에서 비롯했다.
② 입춘, 춘분, 하지, 추분, 동지, 소한, 대한 등으로 나뉘었다.
③ 태양력의 체계가 완비되면서 명리학이 탄생할 제반 조건이 완성되었다.
④ 기원전 2세기 전한 시대에 쓰인 책 《회남자》에 최초의 기록이 있다.
⑤ 태양의 고도를 기준으로 삼아 1년을 24개의 절기로 구분한 달력이다.

10. 명리학이 태동할 수 있게 한 것이 아닌 것을 고르시오.

① 간지 : 명리학의 기틀이 되는 기호, 10×12 체계 제공.
②《주역》: 우주와 인간의 교감, 균형과 조화라는 철학적인 틀을 제공.
③ 음양 : 우주를 둘로 나누어 이해하는 세계관 제공.
④ 오행 : 오행의 상생상극이라는 체계를 통해 관계에 대한 통찰 제공.
⑤ 점술 : 명리학에 영험함과 신령함을 제공.

정답

1 ① **2** ② **3** ③ **4** ⑤ **5** ④ **6** ④ **7** ⑤ **8** ③ **9** ① **10** ⑤

3강

음양오행

음양은 무엇일까

　음양과 오행에 대해 본격적으로 알아보겠습니다. 도대체 음양은 무엇이고, 오행은 무엇일까요?
　먼저, 음양은 모든 것의 근간입니다. 우주의 모든 변화, 태양과 지구의 관계를 단순화하면 태양 에너지를 많이 받는 것과 적게 받는 것처럼 이분법으로 드러낼 수 있습니다. 좀 더 확장하면, 밝은 것과 어두운 것, 하루의 관점에서 보면 낮과 밤으로 생각해 볼 수 있겠죠. 계절로 확장하면 여름과 겨울의 관계까지 나아갈 수 있고요. 태양 에너지를 많이 받는 것과 적게 받는 것의 상호 작용이라는 단순한 관계를 통해 지구의 변화 과정과 우주 전체까지 통찰할 수 있는 겁니다.
　음양이라는 개념은 우리 눈앞에 있는 현실입니다. 낮에 일어나고 밤에는 자고, 밝으면 좀 기분이 들뜨고 마음이 환해지며, 어두우면 기분이 가라앉고 위축됩니다. 이렇듯 음양은 우리 현실을 직접적으로 좌우하며 또한 지구나 태양계를 이끌어 가는

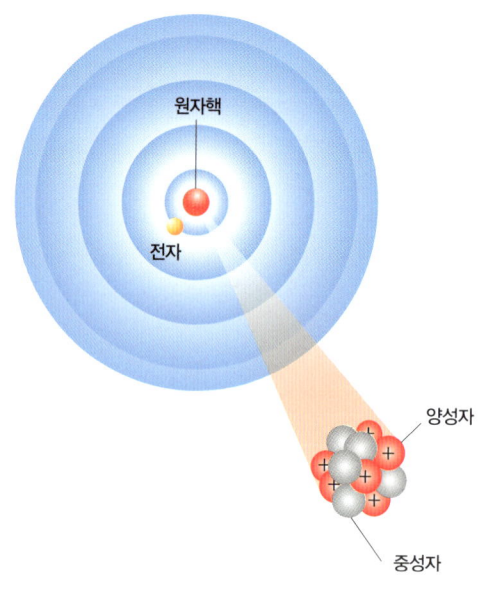

닐스의 원자 모델과 원자핵 구조

법칙이라고 할 수 있습니다.

음양이 정말 그런 작용을 하는지 미시 세계까지 들어가 보겠습니다. 인류는 만물의 근원인 원자를 발견했습니다. 원자를 살펴보니 중심엔 원자핵이 있고 전자가 그 주변을 돌고 있습니다. 덴마크 물리학자 닐스 보어Niels Bohr의 원자 모델만 봐도 원자핵과 전자는 어떤 관계입니까? 중심과 그 주변을 도는 것, 즉 양과 음의 관계로 볼 수 있습니다. 더 놀라운 사실은 원자핵의 구조입니다. 원자핵 역시 양성자와 중성자, 즉 양과 음의 이중 구조, 대립 구조로 되어 있습니다. 재미있는 건 전자도 마찬가지라는 겁니다. 모든 전자는 원자핵 주변을 공전하는데 그냥 도는 게 아니라 전자 자체도 자전을 한다는 사실입니다. 그런데 전자가 자전할 때 특정한 회전 값을 갖는데 그 값 역시 양의 회전 값인 +½과 음의 회전 값인 -½을 갖습니다. 자전하는 전자의 자전 속도마저 음과 양의 이분법으로 구성되어 있는 것입니다.

 전자기파도 살펴보시죠. 전기가 흐를 때 그 주위에 전기장과 자기장이 동시에 발생하는데, 전기장과 자기장이 주기적으로 바뀌면서 생기는 파동이 전자기파입니다. 전자기파는 그냥 한 줄로 쭉 나아가는 것이 아닙니다. 전기장과 자기장으로 나뉘죠. 전기장은 세로로 파장을 만들며 전진하고, 자기장은 그림처럼 가로로 파장을 만들며 전진합니다. 이런 현상들이 제 눈에는 음과 양의 조화로 관찰되었습니다. 정말 관찰하기 어려운 극단의 미시 세계까지 가면 결국 물체와 사물의 본질이 드러나는데, 현재까지 인류가 파악한 모든 만물의 본질은 구도 아니고, 사각형도 아니고, 신의 형상도 아닙니다. 서로 다른 역할을 하는 두 존재의 상호 작용입니다! 바로 음양의 조화죠. 우주에 존재하는

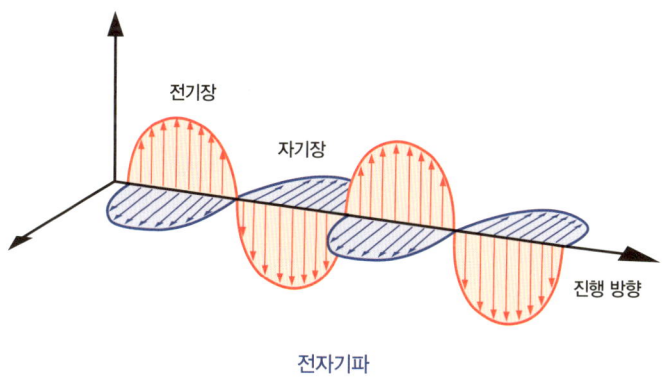

전자기파

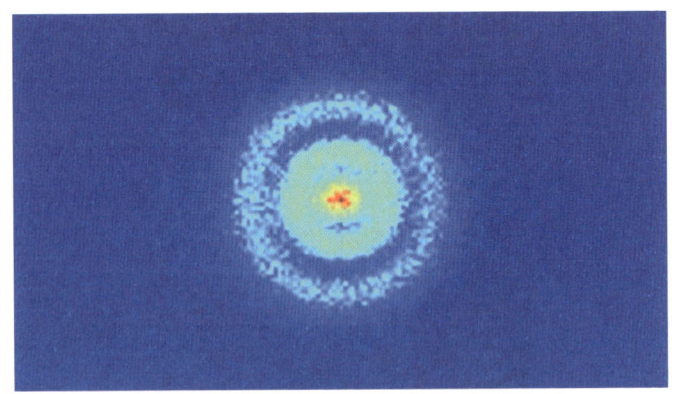

양자 현미경으로 촬영한 수소 원자 구조

모든 것은 서로 다른 역할을 하는 두 존재의 상호 작용, 즉 음양의 조화로만 존재할 수 있습니다. 음양이 우주 만물에 작용하는 근원일 뿐만 아니라, 존재 자체의 수단이 되는 것이죠. 음양이 조화를 이루지 않으면 이 우주에 존재할 수 없습니다.

과학이 발전하면서 최근엔 수소 원자까지 촬영할 수 있게 됐습니다. 명리학자들만 그렇게 보는 거라고, 끼워 맞추지 말라고 하실 분도 있을지 모르겠지만, 제겐 수소 원자의 원자핵과 그 주변의 전자들 관계가 음양의 관계로 더 명확하게 보입니다. 성질과 역할이 구분된 두 존재의 상호 작용이 수소 원자를 구성하고 있다는 것을 알 수 있습니다. 다시 말하지만 이것이 음양 이론의 핵심이죠.

미시적으로 봤으니까 거시적으로도 한번 살펴보겠습니다. 우주에 별이 생성되는 것을 떠올려 보면 생성되는 것은 바로 탄생이니, 음과 양 중에서는 양에 해당하는 것이 아닐까요? 그

태양계

경우 생성만 있다면 우주는 균형을 잡기 어려울 것입니다. 소멸도 존재해야 되겠죠. 그럼 별의 소멸은 어디에서 일어날까요? 블랙홀입니다. 거시적인 관점에서 보면, 우주에서 일어나는 모든 현상도 음과 양의 상호 작용으로 이해할 수 있습니다.

  항성의 관점에서도 한번 보겠습니다. 태양계 그림입니다. 태양을 양으로 볼 수 있습니다. 태양 주변을 도는 천체들은 음으로 볼 수 있고요. 구심점이 되는 태양과 태양 주변을 도는 행성들의 성질과 역할은 제각각 다르죠. 성질과 역할이 다른 존재들이 결합해 하나의 안정적인 태양계가 이루어진 것입니다. 태양계 이미지는 수소 원자를 찍은 사진과도 비슷하죠. 음양의 법칙이 우주 만물에 적용된다는 놀라운 사실을 확인할 수 있습니다. 물방울 속에 우주가 있다는 말이 허황된 것이 아니죠.

사물의 속성이다!

　이제 본격적으로 음양에 대해 말씀드리겠습니다.
　양은 봄과 여름을 의미하고, 음은 가을과 겨울을 의미합니다. 양은 낮이고, 음은 밤이 되겠죠. 좀 더 확장하면 양은 발산하는 것이고, 음은 수렴하는 것입니다. 양은 솟아오르는 것이고, 음은 내려가는 것입니다. 양은 채우는 것이고, 음은 덜어 내는 것입니다. 물상으로 양은 산으로 볼 수 있고, 음은 계곡으로 볼 수 있습니다. 혹은 태양과 바다로도 비유할 수 있겠죠. 태양이 떠오르는 일출은 양이고, 태양이 지는 일몰은 음입니다.
　우주의 본질인 음양은 인간의 성별에도 영향을 끼칩니다. 생명의 탄생에 관여하는 것은 왜 2명의 부모로 한정되어 있을까요? 3명이 생식에 관여해 한 아이가 태어나거나, 4명이 생식에 관여해 한 아이가 태어나지 않고, 왜 2명만 생식하여 한 아이가 태어날까요? 음양이라는 둘이 조화를 이루어 존재가 구성되기 때문에 그렇습니다. 남자는 양이고, 여자는 음입니다. 성향으로 보면, 양은 거친 것이고, 음은 부드러운 것입니다. 양은 빠른 것이고, 음은 느린 것입니다. 양이 충동적이라면, 음은 사려 깊습니다.

동양철학의 위대함을 여기서 엿볼 수 있습니다. 선조들은 음양을 기가 아니라 사물의 속성으로 파악했다는 겁니다. 명리는 관념으로만 존재하던 철학을, 인간의 머릿속에 있는 생각과 관념을, 사물로 치환해 실용성과 객관성, 현실성을 확보했습니다. 책에만, 상상 속에만 있던 철학이 음양이라는 방법론을 통해 삶 속으로 들어온 겁니다.

음양은 사물의 속성

명리에서는 철학적인 개념이 바로 구체적인 사물에 대응해요. 이를테면 양기라는 철학적인 개념이 구체적인 사물인 산에 대응하는 식입니다. 따라서 명리는 현실에 즉시 적용하고 응용할 수 있습니다. 실천할 수 있는 개운법 제시가 가능하죠. 개운법開運法은 타고난 기운에서 오행의 많고 적음을 파악하고 운의 흐름을 읽어 부족한 것을 채워 줄 수 있는 여러 방법을 말합니다. 예를 들어 양기가 부족한 사주가 있어요. 그럼 이런 개운법을 말할 수 있겠죠. "산에 가세요!" 왜? 산은 양에 해당하기 때문입니다. 반대로 어떤 사람이 음기가 부족해요. 음기의 보충이 필요합니다. 이런 분들에게 저는 "부산에 가세요!"라고 조언합니다. 왜 대구나 광주가 아니고 부산일까요? 부산은 바다와 가까워 수 기운을 충분히 받을 수 있기 때문이죠.

이처럼 명리는 철학적인 개념인 음양을 기氣가 아니라 사물의 속성으로 파악하고 음양을 우리 실생활에서 응용, 활용할 수 있게 합니다. 이것이 명리의 가장 큰 장점이죠. 모든 사물에 음양의 이치를 적용할 수 있기 때문에 인간이 자신뿐 아니라 자신을 둘러싼 환경과의 관계를 객관적이고 직관적으로 이해할 수 있게 합니다. 관념적이고 추상적인 자아 관념에서 벗어나 구체적인 현실 속의 나를 보게 하는 것입니다. 가령 '당신은 사려 깊고, 외로운 사람입니다'는 표현보다 '당신은 어둠 속 호숫가에 홀로 서 있는 나무' 같은 구체적인 표현을 써서 자신을 즉각 명확하게 인식할 수 있게 돕습니다.

명리의 개운법

여기서는 잠깐, 명리의 수행법에 대해 말씀드리겠습니다.

전통적인 수행법과 명리의 수행법은 차이가 있습니다. 예를 들어 "행복해지기 위해 혹은 좀 더 나은 삶을 살려면 어떻게 해야 하나요?" 하고 물으면, 불교를 비롯한 종교나 마음 수련을 하는 곳에서는 아마도 이렇게 답변할 겁니다. "모든 것은 마음에 달려 있습니다. 마음을 비우고 용서하고 참회하고 기도하고 수행하십시오. 명상하십시오." 누가 들어도 좋은 말이고 삶의 지침으로 삼기에도 좋죠. 하지만 손에 잡히지가 않습니다. 반면 명리의 수행법인 개운법에서는 손에 잡히는 이야기 즉 우리 눈앞에 있는 이야기를 해요. 앞서 양기가 부족한 사람에게 산으로 가라고 하는 것처럼 말입니다.

제가 가장 많이 하는 조언이 집 안의 조명을 LED로 바꾸라는 겁니다. 너무 이상하잖아요. 사주를 보러 갔는데 조명 기기를 바꾸라니요. 사주에 양기가 부족한 분에게 이런 말을 하는 겁니다. 이런 분들은 어두침침한 곳에 있지 않는 게 좋으니까요. 당신의 주변부터 밝게 가꾸어 나가라는 조언인 거죠. 옷장을 열어 보라는 말도 자주 합니다. 어떤 색이 많습니까? 양기가 부족한 분은 대부분 "우중충한 색이 많네요"라고 합니다. 음기가 많은 분은 자연스럽게 음기에 익숙하고 음기로 삶을 운행해 나가는 거예요. 명리는 '균형론'이기 때문에 음기가 너무 많다면 양기를 보충해 삶을 개선해 나가게 돕습니다. 이처럼 명리는 구체적으로 곧바로 실천할 수 있는 방법들을 개운법으로 제안합니다. "옷부터 밝은색으로 바꾸세요", "조명을 LED로 바꾸세요", "화장을 하세요", "거울을 많이 보세요" 등등으로 말입니다.

양의 본질

음양에 관해 더 들어가 보겠습니다.

어떤 분들이 명리 공부를 잘하냐면, 원리를 알려 주면 거기서 한 발 두 발 유추해서 생각을 확장해 가는 분들입니다. 사주를 강의할 때 가장 많이 받는 질문이 "선생님은 팔자를 보면 어떤 상이 딱 보이시나요? 도대체 뭐가 보이기에 그런 말씀을 하시는 거예요?"입니다. 절대 안 보이죠. 그럼 또 이렇게 묻습니다. "아무것도 안 보이면 그럼 명리적 해석은 도대체 어떻게 하는 건데요? 어떻게 사람의 운명에 대해 얘기하고 미래에 대해 말씀하시는 건가요?" 그럼 저는 이렇게 대답합니다.

"명리는 결국 유추입니다."

원리를 놓고 유추를 잘하는 사람이 명리를 잘 공부하는 분입니다.

발산, 팽창, 과장, 허세

그럼 이제 유추를 해 보겠습니다. 양의 본질이 무엇입니까? 앞에서 태양 에너지의 양이 많은 것이 양이라고 말씀드렸습니다. 태양 에너지의 양이 많다는 건 에너지가 상승하는 과정 혹은 발산하는 과정에 있다는 것입니다. 이런 본질을 놓고 쭉 유추를 해 보는 겁니다.

일단 태양 에너지의 양이 많다면 발산도 하겠지만 팽창도 합니다. 발산은 위로 솟구치는 것이고, 팽창은 양쪽으로 쫙 퍼지는 것으로 볼 수 있습니다.

> 양은 팽창하는 거야. 가만히 있지 않고 앞으로 나아가려고 하는 거야. 그리고 겉으로 뭔가를 드러내려고 하는 거야.

이런 기본적인 유추에서 한발 더 나아가 보겠습니다. 양기가 강한 사람의 행동을 상상해 보는 겁니다. 첫 번째, 양기는 팽창하는 힘이니 양기가 강한 사람은 자신의 영역을 어떻게 하려고 할까요? 확장하려고 하겠죠. 두 번째, 양기는 앞으로 나아가려는 힘이니 이 사람은 일을 할 때 어떤 자세일까요? 남들보다 더 망설임 없이 도전하려고 하겠죠. 세 번째, 양은 겉으로 드러나는 힘이니 이 사람의 성향은 어떨까요? 표현하고 자랑하려고 하겠죠. 표현력이 아주 좋겠죠.

유추할 때는 장점과 단점을 다 생각해 봐야 합니다. 음과 양은 한 몸이고, 양의 뒷면에는 음이 숨어 있기 때문이죠. 내가 영역을 확장하면, 계속해서 영역을 늘리면, 결국 이미 차지한 땅을 지키기는 어렵겠네라고, 단점도 생각해 볼 수 있습니다. 구체적으로 말하면, 양기가 강한 사람은 자꾸 뭔가에 도전하려는 사람이라서, 이미 자신이 가진 것, 이미 이룬 것을 아끼고 뒤돌아보지 않는다는 것입니다. 자기가 가진 것을 표현하고 자랑하는 걸 좋아하는 사람이니, 과장과 허세가 많고, 가진 것을 너무 자랑해서 주변 사람들이 질투할 수 있고요. 이런 식으로 생각을 확장할 수 있습니다.

　이런 방식이 명리 해석법이자 전형적인 유추의 과정이에요. 본질을 파악한 다음에 인간의 삶에 대입해 점차 살을 붙여 나가는 거죠. 이런 과정을 논리적으로 잘 수행하면 훌륭한 명리 상담가가 될 수 있습니다.

명예 추구, 잦은 이직

　명리에 훌륭한 고전이 몇 권 있습니다. 《적천수滴天髓》가 그중 하나입니다. 적천수는 하늘의 골수인 천기를 누설한다는 뜻인데요, 명나라 유백온이 쓴 것으로 알려져 있습니다. 명리의 위대한 고전들은 대부분 4~500년 전쯤에 쓰인 것들입니다. 500년이 넘어간 책들은 진지하게 연구할 가치가 없습니다. 허무맹랑한 이야기를 너무 많이 하고 있어서 그렇습니다. 물론

《적천수》처럼 예외적인 책들도 있지만요.

《적천수》에 '오양종기부종세五陽從氣不從勢'라는 말이 나옵니다. 오양은 '다섯 개의 양기'를 말하고, 종기는 '기를 따른다'는 뜻입니다. 양의 기운은 겉으로 드러나는 기세를 따른다는 말이죠. 혹은 이상적인 명예를 중시한다는 겁니다. 부종세는 '세력을 따르지 않는다'는 뜻입니다. 여기서의 세력은 현실적인 힘, 즉 권력을 말합니다. 양기는 현실에 타협하지 않는다는 말입니다. 그러니까 사사로운 이익을 따지거나, 권력의 눈치를 보지 않는다는 의미죠. 그러므로 '오양종기부종세'는 현실적인 힘이나 규칙에 얽매이기보다는 스스로 자신을 드러내는 것에 열중하고, 내 기분이나 이상적인 명예를 따라서 행동한다는 뜻입니다.

현실적인 힘이나 규칙에 얽매이는 것을 네 글자로 뭐라고 합니까? 네, '조직 생활', '직장 생활'이라고 할 수 있죠. "직장 다니면 따박따박 월급 나오는데, 뭐가 그렇게 답답해서 그걸 못하겠다고 하는 거냐?"며 잔소리를 듣는 사람들이 양기가 강한 사람들입니다. 양기는 발산하려 하고 도전하려고 합니다. 자신을 드러내려고 해요. 스스로 옳다고 여기는 것을 중시해요. 기분을 중시하죠. 그래서 늘 사표를 품에 넣고 다닙니다. 여러 번 직장을 옮기기도 합니다.

이 과정이 이해되었다면, 사주 공부는 끝났습니다. 이제 시작인데 끝이라니, 무슨 말이냐고요? 사실 공부의 끝에 가면 다시 음양의 철학으로 돌아오게 되어 있습니다. 음양은 근원이자 본질이죠.

만약 주변에 양기가 강한 분이 있다면, 유추의 과정을 통해 결론까지 가는 거예요. 양기가 강하다는 하나의 정보만으로 이런 조언을 할 수 있습니다.

"속도 조절해."
"실속을 생각해야 돼."
"멋있는 것도 좋은데, 네 이익부터 챙겨라!"
"기분대로 행동했다가 후회한다."
"다른 사람 말 들어!"
"어떤 결정을 내리기 전에 선배, 배우자, 친구들의 말 한번 들어 봐."
"네가 바라던 것을 성취했다면 그 성취를 유지하는 것이 정말 중요해."

실제 삶의 현장에서는 훨씬 더 많은 조언을 할 수 있겠죠.

음의 본질

　이번엔 음의 본질을 보겠습니다.
　음은 태양 에너지의 양이 적은 거죠. 에너지를 수렴하는 것이고요. 양이 상승이었다면, 음은 하강의 과정으로 이해할 수 있습니다. 이 지점에서 생각을 한번 확장해 볼까요. 태양 에너지 양이 적다면 움츠러들겠죠. 수렴이에요. 몸을 숙이고 움츠러드는 겁니다. 앞을 보는 것이 아니라 자꾸 뒤를 돌아보는 겁니다. 겉으로 표현하는 것이 아니라 안으로 숨어드는 겁니다.
　한발 더 나아가 유추해 보겠습니다. 음기가 강한 사람의 행동을 상상해 보죠. 첫 번째, 음기는 수렴하는 힘이니 음기가 강한 사람은 자신의 영역을 어떻게 하려고 할까요? 수렴하려고 하겠죠. 이미 확보한 땅을 지키는 것에 최적화되어 있습니다. 두 번째, 음기는 뒤를 돌아보는 힘이니, 이 사람은 일을 할 때 어떤 자세일까요? 현실을 잘 유지할 수 있어요. 살피고, 점검하고, 위험을 대비합니다. 세 번째, 음은 안으로 숨어드는 힘이니, 이 사람의 성향은 어떨까요? 자신을 성찰하고 준비성이 철저하겠죠.

안정, 실속, 무정의, 손가락질

양의 단점을 살펴보았듯이 음의 단점도 확인해 보겠습니다. 영역을 지키는 것에 집중하면 확장할 수가 없게 돼요. 새로운 것을 시도해 보지 않는 삶, 도전해 보지 않는 삶이 되고 종국에는 도전하지 않은 것이 후회로 남을 수 있습니다. 현실을 유지하는 것에 치중하면 정말 아름다운 것이 있어도 쟁취하지 않으려 합니다. 결국 남에게 좋은 기회와 아름다운 가치를 빼앗깁니다. 또한 표현하지 않고 성찰과 반성만 하기 때문에 아무도 자신을 알아주지 않게 됩니다. 허점이 많더라도 활발하게 자신을 드러내는 사람에게 스포트라이트가 비추기 마련이죠.

역시 《적천수》에 보면 음기의 특성을 요약한 말이 나옵니다. 오음종세무정의五陰從勢無情義입니다. 오음은 '다섯 개의 음기'란 뜻이고, 종세는 '세력을 따른다'는 뜻입니다. 음의 기운은 권력에 의지한다는 말이죠. 강한 힘의 그늘에서 살아가는 생존 방식을 의미합니다. 무정의는 '정의가 없다'는 뜻입니다. 눈에 보이지 않는, 순간적인 기세를 따르지 않는다는 말입니다. 그러므로 오음종세무정의는 이상적인 명예나 기분에 취하지 않고 실속을 취하는 자세를 말합니다.

음의 본질은 힘이 있는 세력에 기대서 자신의 힘을 키우는 것입니다. 음이 강한 사람은 현실권력에, 대세에 딱 붙어 지냅니다. 남들이 옳다고 하는 행동에 쉽사리 동요하지 않습니다. "우리 한번 들고일어나자!", "다 같이 사표를 던지자!" 하는데 "나는 직장이 우선이야. 안정이 더 중요해"라며 외면한다는 말이죠. 명분보다는 현실의 실속과 이익을 취하는 것이 음입니다. 욕을 먹을 수 있어요. 손가락질을 받을 수도 있습니다. 하지만 결국 이익을 취하는 것이 음입니다.

음은 '수렴'한다는 본질을 통해 여기까지 나아왔습니다. 소극적이고 표현을 못하는 것은 음의 단점으로 볼 수 있고, 현실적인 처세에 능한 것은 장점으로 볼 수 있습니다.

만약 주변에 음기가 강한 분이 있다면, 어떤 조언을 할 수 있을까요? 음기가 강하다는 하나의 정보만으로 다음과 같은 조언을 할 수 있습니다.

"도전 한번 해 볼래?"
"새로운 것에 관심 좀 가져 봐."
"너 자신을 표현할 수 있는 수단을 찾아봐."
"다른 사람들 말에 너무 그렇게 휘둘릴 필요 없어!"
"적당히 무시하는 것도 필요해."
"과거에 너무 얽매여 있으면 안 돼!"
"지나간 일은 지나간 일이야."

양기가 강한 사람에게 하는 조언과는 정반대인 말들이죠?

음양 관계인 것들

 다음 표는 음양 관계에 있는 것들을 제가 브레인스토밍해 본 거예요. 여러분도 각자 해 보면 좋겠습니다. 사주 상담을 잘하려면 명리를 현실에 잘 적용해야 하고, 그러자면 주변의 모든 사물에 음양 철학을 적용할 수 있어야 합니다. 이런 작업이 왜 필요하냐면, 음양 관계에 있는 것을 많이 알고 있으면 상담할 때 요긴하게 활용할 수 있기 때문이죠.

 예를 들어 잘 못 자는 분이 있습니다. 불면증으로 고생하는 분이에요. 사주를 보니 화 기운이 많습니다. 양기가 넘치는 거죠. 양기 특히 화 기운이 너무 많으면 불면증에 취약합니다. 이런 분들에겐 질문 하나만 던지면 됩니다. "잠자기 전에 뭘 하세요?" 대한민국 국민의 99퍼센트가 자기 전에 유튜브를 보죠? "핸드폰 보지 마세요." 너무 간단한 조언이라고요? 양 기운의 본질을 알고 유추하는 과정을 거친 분이라야 할 수 있는 말입니다. 양은 발산합니다. 눈에 보이는 것입니다. 유튜브, 영상 매

음양 관계에 있는 사물과 현상(왼쪽이 양, 오른쪽이 음)

양		음
들숨	VS	날숨
남자 성기	VS	여자 성기
메마름	VS	습함
젊음	VS	중년
그림	VS	여백
글씨	VS	종이
소음	VS	정적
말하기	VS	듣기
중앙(수도)	VS	지방
운동장	VS	교실
개학(시작)	VS	방학(끝)
직선	VS	곡선
사각형	VS	둥근 것
삶(탄생)	VS	죽음
활동	VS	수면
성취	VS	좌절
폭식	VS	단식
on	VS	off
top-down	VS	bottom-up
전제군주정	VS	공화정

음양 관계에 있는 사물과 현상 (왼쪽이 양, 오른쪽이 음)

양		음
공격	VS	방어
액셀러레이터	VS	브레이크
도전	VS	안정
개	VS	고양이
흥분	VS	이완
열매(꽃)	VS	뿌리
개화	VS	낙화
교사	VS	학생
왕	VS	백성(신하)
바위	VS	모래
동물	VS	식물
노래(가사 있는)	VS	음악(가사 없는)
TV	VS	라디오
유튜브	VS	팟캐스트
눈동자	VS	흰자
심장	VS	신장
육식	VS	채식
지상	VS	지하
놀이동산	VS	휴양지
만남(들뜸)	VS	이별(허탈)

체, 스마트폰이 전형적인 양을 의미합니다. 오행으로 보면 화기운입니다. 보는 것이 양에 해당한다면, 듣는 것은 음에 해당합니다. 듣는 것은 오행으로 보면 수에 해당합니다.

불면증에 시달리는 이분에게는 잠들기 전에 유튜브 보는 것이 독입니다. 양기가 더욱 강해져 불면증이 심해져요. 음기가 보충된다면 과도한 양기를 조절할 수 있습니다. 어떻게 음기를 보충하면 좋을까요? 차분하게 팟캐스트나 라디오 등을 듣는 겁니다. 이렇듯 음기와 양기가 상징하는 것을 잘 파악하고 있다면 우리 삶에 유용하게 활용할 수 있습니다.

개는 양, 고양이는 음

이제 표의 항목 각각에 대해 말씀드리겠습니다.

먼저, 들숨/날숨입니다. 들이마시는 것은 에너지를 흡수하는 거죠. 산소를 흡수하는 겁니다. 그래서 양으로 한번 생각해 봤습니다. 내뱉는 것, 날숨은 음으로 생각해 봤습니다. 성기의 관점에서도 남자 성기는 양의 상징이죠. 겉으로 돌출해 있습니다. 반면 여자 성기는 속으로 들어가 있죠. 그래서 음으로 생각해 봤습니다. 메마른 것이 양이고, 습한 것이 음일 것입니다. 젊음은 역동적이니 양이고, 나이 든다는 것은 활동성을 잃어 가는 것이니, 음으로 생각해 봤습니다.

그림은 양이고, 여백은 음일 것입니다. 서예의 관점에서는 글씨가 양이고, 종이는 음일 것입니다. 소음이 양이라면, 정적은 음일 것입니다. 내가 말하는 것이 양이라면, 남의 말을 가만히 듣는 것은 음의 활동일 것입니다. 중앙이나 수도가 양이라면, 그 주변에 있는 것들은 음일 것입니다. 아이들이 활발하게 뛰어놀 수 있는 운동장이 양이라면, 가만히 앉아서 수업을 들어야 하는 교실은 음에 해당할 것입니다. 일을 시작하는 것이 양이고, 끝맺는 것이 음이라면, 3월 개학 시기에 대한민국의 모든 양육자와 학생은 들뜬 양기를 품고 있을 것입니다. 직선이 양이라면, 곡선은 음이 아닐까요.

사각형이 양이라면, 둥근 것은 음일 것입니다. 탄생이 양이라면, 죽음은 음의 활동입니다. 낮 시간에 활동하는 것이 양이라면, 수면은 음입니다. 활동과 수면이 적절히 조화를 이루어야 건강을 유지할 수 있습니다. 너무 많이 자거나 너무 적게 자면 건강에 문제가 생길 수 있죠. 무엇을 성취하는 것이 양이라면, 좌절하는 것은 음입니다. 주식이나 코인에 투자하는 분들은 이 성취와 좌절의 음양을 어떻게 이해하면 좋을까요? 주가의 상승은 양이고, 하락은 음입니다. 폭식하는 것이 양이라면, 곡기를 끊는 것, 단식하는 것은 음일 것입니다. 스위치 온은 양, 스위치 오프는 음입니다.

탑-다운 방식은 대장이 지시하는 것이죠. 보스가 지시하고 부장님이 지시하고 과장님이 지시하고, 사원들은 일사불란하게 움직이는 것입니다. 양이죠. 바텀-업 방식은 아래로부터 의견을 모아서 위로 차근차근 반영하는 것입니다. 음이죠. 이렇게 의사결정 과정도 음양으로 구분해 볼 수 있습니다. 정치적인 시스템 역시 마찬가지죠. 전제군주정은 양이고, 공화정은 음입니다. 공격은 양, 방어는 음입니다. 액셀러레이터는 양, 브레이크는 음입니다. 도전은 양이고, 안정은 음이죠.

제 블로그 〈안녕, 사주명리〉에서 '개와 고양이 사주'에 관한 글을 읽으신 분들이 있을 겁니다. 고양이와 16년을 같이 살았습니다. 결혼 전부터 같이 지냈죠. 그런데 작년에 고양이 행성으로 떠났습니다. 오래 같이 살다 보니까 이 친구의 음양오행이 궁금한 겁니다. 개는 성향이 어떤가요? 자기 표현을 잘하는 편이죠. 일례로 산책을 안 하면 스트레스 받은 티를 팍팍 내잖아요. 개들은 양기가 많아서 발산해야 되나 보라고 생각했습니다. 양이라 생각했고요. 반면 고양이는 대체로 자기 표현에 소극적이고, 활동할 때도 아주 조심스럽죠. 음이라고 생각했습니다.

흥분하는 것은 양이고, 이완되는 것은 음입니다. 탄생과 죽음의 관점에서 개화한다는 건 양이고, 낙화한다는 건 음입니다. 지식을 전달하는 교사를 양으로 보면, 지식을 받아들이는 학생은 음으로 생각해 봤습니다. 왕은 양, 백성은 음입니다. 양은 형체가 있고, 큰 것입니다. 그래서 바위를 양으로 생각했습니다. 음은 형체가 없고 드러나지는 않지만 기반을 이루고 있는 것이니, 모래를 음으로 생각했습니다. 양은 활동적으로 움직입니다. 동물이죠. 음은 조용하고 수동적입니다. 식물이죠.

가사가 있는 노래들은 양입니다. 가사가 의미를 만들어 내니 양으로 본 것입니다. 가사가 없는 음악들은 음입니다. 영상 매체인 TV는 양이고, 음성 매체인 라디오는 음입니다. 유튜브 역시 보는 것이니 양이고, 팟캐스트는 듣는 것이니 음입니다. 눈동자는 양, 흰자는 음입니다. 심장은 양이고, 신장은 음입니다. 심장은 피를 내보내는, 발산하는 곳이니 양으로 보았고, 신장은 마지막에 노폐물을 거르는 기관이어서 음으로 보았습니다 육식은 양, 채식은 음입니다. 지상은 양, 지하는 음입니다. 놀이동산은 기분이 좋아지는 축제의 공간이니 양이고, 휴양지는 음입니다. 만남은 기대와 들뜸이니 양이고, 이별은 음입니다.

이런 사유의 과정에서 중요한 것은 맞냐 안 맞냐, 정답이냐 아니냐가 아닙니다. 주변을 음양의 조화와 대립이라는 관점으로 관찰하는 눈을 기를 수 있다는 것입니다. 그것은 통찰력으로 이어지고, 통찰력은 곧 좋은 상담으로 연결됩니다.

자신을 돌아보는 시간을 가져 보는 것도 음양의 균형을 잡을 수 있는 좋은 방법입니다. 곰곰 생각하다 보면 '그동안 내가 너무 양적인 활동만 했구나' 혹은 '난 너무 음적인 활동만 한 거 같아. 양적인 활동을 해서 균형을 맞춰 볼까?' 하면서 삶의 균형을 회복해 갈 수 있습니다.

음양으로 보는 하루와 계절

하루와 계절의 관점에서 음양을 살펴보겠습니다. 하루의 관점에서 보든 계절의 관점에서 보든 똑같죠. 하루의 변화는 자전에서 비롯하고 계절의 변화는 공전에서 비롯합니다. 자전과 공전 모두 태양과 지구의 관계성, 즉 태양 에너지의 변화를 가져오니, 똑같은 양상으로 드러나는 것입니다.

아침에는 음기가 강합니다. 천천히 양기가 차오르죠. 오전을 지나면서 양기는 더 차오르고 음기는 점차 기세가 꺾입니다. 점심이 되면 양기가 극단에 이르고, 음기는 완전히 숨어듭니다. 재미있는 것은, 음기는 숨어드는 동시에 새롭게 차오른다는 사실입니다. 양의 극단에서 음기가 차오르기 시작하는 겁니다. 정오가 지나면서 양기가 줄어들고 음기는 점점 차올라서 자정이 되면 양기가 숨어듭니다. 역시 재미있는 것은, 이때 또다시 새로운 양기가 차오르기 시작한다는 것입니다.

이제 양기의 상승과 음기의 위축, 음기의 상승과 양기의 위

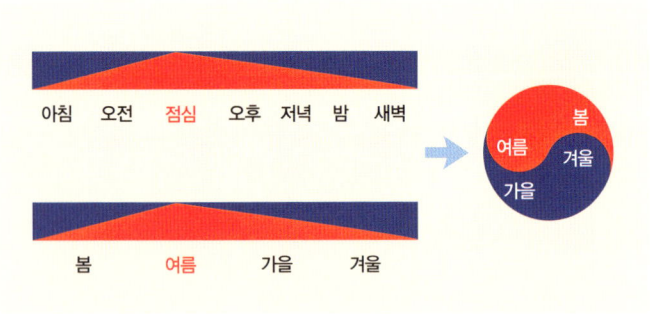

하루의 관점에서 본 음양(위)과 계절의 관점에서 본 음양

축이 계속 이어지겠죠. 이런 음양의 교차가 무한히 반복되는 것이 지구의 운행에서 비롯한다는 점이 중요합니다. 지구는 자전과 공전을 동시에 하기 때문에 하루의 관점을 계절에도 똑같이 적용하면 될 것입니다. 하루의 관점에서 정오에 해당하는 지점을 계절의 관점, 절기의 관점에서는 뭐라고 합니까. 하지라고 하죠. 반대로 음기가 가장 강한 지점이자 양기가 가장 위축되는 지점은 동지입니다.

위의 그림은 이 과정을 도식화한 것입니다. 이 표가 무한히 반복되는 것이 지구의 운행에 따른 음양의 변화입니다. 원으로 표현해 놓은 것이 태극이고요. 지구의 운행에 따른 태양 에너지의 변화 과정, 음양의 변화와 조화를 시각적으로 아주 잘 드러낸 것이 태극 이미지죠. 사실 한국 사람들은 명리를 공부하기에 가장 좋은 환경을 갖추고 있습니다. 태극 무늬를 국기로 사용하고 있으니까요. 어렸을 때부터 태극기를 보면서 음양의 조화와 지구 운행의 이치를 은연중에 체득한 민족이니, 기본적으로 음양이 의미하는 조화와 균형의 감각을 가지고 있다고 볼 수 있죠.

 중요한 것은 음양은 구분과 대립만 하는 것이 아니라 조화를 이룬다는 사실입니다. 이 이치가 음양론의 핵심입니다. 음과 양은 고정되어 있는 것처럼 보이지만, 태극이라는 그림을 보면 알 수 있듯이 음양은 서로 대립하고 조화를 이루고 있어요. 음은 기운을 비워 내는 것을 의미하지만, 비워진 기운이 차곡차곡 쌓여 마침내 양으로 환원됩니다. 양은 기운을 발산하는 것을 의미하지만, 발산하는 과정에서 속이 텅 비어 마침내 음으로 변환됩니다. 양과 음은 서로의 이면을 안고 있고, 하나의 과정이 다른 과정을 암시합니다. 결국 서로 위치와 모습을 바꾸는 것이 음양의 조화인데, 태극은 음양의 대립과 조화를 절묘하게 표현해 낸 것이죠.

노자의 유무와 음양

"남자는 하늘이고, 여자는 땅이다"는 말 많이 들어 보셨죠? 제가 어렸을 때 영화나 드라마에서 많이 나왔던 대사입니다. 술이 거나하게 취한 가부장적인 할아버지가 특히 이런 대사를 자주 쳤죠. 이런 할아버지의 머릿속에 있는 음양은 어떤 것일까요? 고정되어 있는 거죠. 양이 훨씬 더 존귀하고, 음은 비천하다는 거죠. 음양을 줄 세운 겁니다.

앞서 잠깐 언급했듯이 《도덕경》에서는 음양의 조화를 유무상생有無相生이라고 합니다. 하나가 하나를 죽이면서 사는 게 아니에요. 철학적으로 음양과 유무는 선후, 좌우, 위아래의 관계에 놓이는 것이 아닙니다. 서로 한 몸이고, 이끌어 주고 대립하는 작용을 통해 함께 존재하죠. 이런 음양의 조화를 《도덕경》에서는 다음처럼 아름답게 표현하고 있습니다.

"이름을 붙일 수 없는 그것을 '무無'라고 하자.

거기에서 천지가 시작되었고,
그것의 작용으로 나오는
이름을 가진 만물을 '유有'라고 하자.

…

이름도 없고 형체도 없는 그것[無]과
그것의 작용으로 나타난 현상[有]은 둘이 아니다.
무無와 유有는 동시에 출현한다.
단지 이름만 달리 부를 뿐이다.[5]

유와 무의 역할이 어떻게 다른지 말하고 있습니다. 유는 눈에 보이는 구체적인 현상을 담당하고, 무는 보이지 않는 오묘한 영역을 담당한다는 것이죠.

무無와 유有는 동시에 출현한다.
단지 이름만 달리 부를 뿐이다.

이 구절이 핵심입니다. 유와 무는 서로 쓸모가 다르지만, 사실은 같은 것이라는 말입니다. 유와 무가 한 몸이라니 얼마나 놀라운 통찰입니까? 둘이 하나인데 서로 역할이 다르고 그 역할로 인해 서로를 의미 있고 가치 있게 만드는 것이 유무의 이치라는 것입니다. 대립되는 두 존재가 상대로 인해 존재한다는 것, 정말 오묘하고 아름다운 이치입니다. 이런 이치를 노자는 유무상생이라고 한 것입니다.

  중고등학교 교과서에서는 노자 철학의 '무위도식'을 강조하죠. 사실 노자는 세상을 피해 은거하는 것에 치중한 것이 아니라 오히려 유무의 대립과 조화를 통찰함으로써 인간 삶을 꿰뚫어 본 철학자입니다. 노자는 재평가되어야 합니다. 노자의 관점인 유무상생 이론에 따르면, 어떤 사람이 은거한다면 그 이유는 무엇일까요? 더 큰 권력을 잡기 위해서죠. 많이 비운 자만이 많이 채울 수 있으니까요.

명리의 출발이자 끝인 음양

  바퀴통에 서른 개의 바큇살이 꽂혀 있다.
  바퀴통이 비어 있지 않다면 바큇살을 꽂을 수 없다.
  바퀴통이 비어 있기 때문에
  바큇살을 꽂아 수레로 쓸 수 있다.
  진흙을 이겨 그릇을 만든다.
  하지만 그릇의 내부가 비어 있기에
  그릇으로 쓸 수 있다.
  문과 창을 내어 방을 만든다.
  하지만 방의 내부가 비어 있기에
  방으로 쓸 수 있다.

> 이렇게 없음(비어 있음)으로 말미암아
> 사물의 쓰임새가 생긴다.[6]

《도덕경》 11장입니다.

우리는 모든 것을 실체의 관점, 즉 유의 관점에서 보지만, 실제로 기능을 가능하게 하는 것은 무의 작용, 즉 '비어 있음'입니다. 유(그릇)가 무(공간)를 만들어 내고, 무(공간)가 유(쓸모)를 만들어 내는 유무의 공존을 놀랍도록 잘 표현한 글이죠. 유와 무가 서로 상반된 역할을 하고, 그 상반된 역할이 융화하여 조화를 이룸으로써 기능한다는 놀라운 통찰입니다. 대립하는 기운이 동시에 함께 작용하는 것이 우주의 이치라는 것입니다. 유와 무의 공존을 잘 설명한 장입니다.

원자 모델에서 시작한 음양에 대한 논의가 《도덕경》에서 마무리되었습니다. 다양한 이야기를 길게 드린 이유는 명리의 출발이자 종착지가 음양이기 때문입니다. 사주를 해석하는 다양한 방법론이 존재하지만, 음양의 치우침과 조화를 살피는 것이 모든 방법론의 뿌리입니다. 뿌리가 튼튼하다면 더욱 넓고 깊게 명리 공부를 이어 갈 수 있겠죠. 음양을 제대로 이해하면 명리 이론을 이해하는 데 큰 도움이 됩니다. 천간과 지지의 관계, 천간합, 오행의 근원적 작용, 대운의 해석이 모두 음양의 이치에서 비롯하기 때문입니다.

오행은 무엇일까

이제 오행에 대해 말씀드리겠습니다. 사주 공부를 '오행 공부'라고 할 정도로 오행은 아주 중요합니다. 음양은 뿌리지만, 오행은 전부이기 때문이죠.

우주에는 다섯 개의 기운이 존재하고, 이 기운들이 서로 이끌어 주고 대립한다는 것이 오행五行의 기본 원리입니다. 오행을 물질로 이해하는 경우가 많은데 목은 나무다, 화는 불이다 이런 식으로요. 하지만 오행은 행行이라는 한자에서도 알 수 있듯이 물질이 아니라 '행동 양식' 혹은 '기운'을 뜻합니다. 오행은 목화토금수로 구분할 수 있고요. 우주를 이분법의 체계로 이해하는 것이 음양이라면, 우주를 다섯 개의 체계로 이해하는 것이 오행입니다.

오른쪽 표에서 Y축은 태양 에너지의 양입니다. X축은 계절의 흐름입니다. 규칙성을 단순화하면 봄부터 여름까지는 양기가 상승합니다. 가을에서 겨울로 가면 양기가 하락하고, 음기의

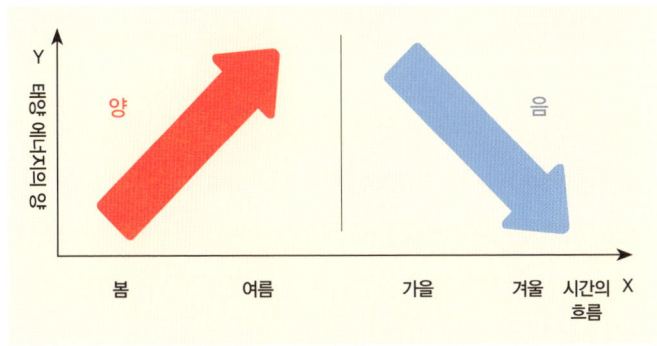

규칙성을 단순화하면 양과 음으로 나눌 수 있다.

입장에서는 에너지가 쌓입니다. 이처럼 계절을 양과 음으로 나눠 볼 수 있겠죠.

  규칙성을 세분하면, 다섯 개로 나누면 됩니다. 봄에는 기운이 상승합니다. 여름에는 치솟습니다. 여름에서 가을로 향하는 시기에는 중재와 조정의 과정을 거칩니다. 가을에는 기운이 하락

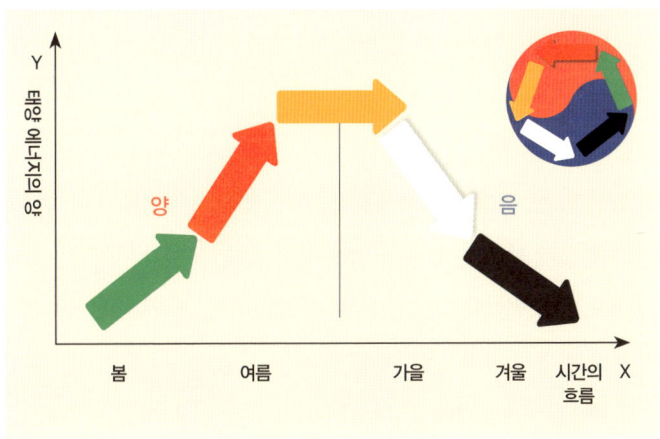

규칙성을 세분하면 오행이 된다.

하고, 겨울에는 기운이 숨어듭니다. 봄이 되면 다시 기운이 올라갑니다.

이 과정을 직선으로 표현해 놨지만, 원으로 환산하면 오른쪽 그림처럼 됩니다. 태극에 오행이 얹힙니다. 무슨 의미일까요? 음양의 작용을 좀 더 세분하면 오행이 된다는 말이죠. 스마트폰에서 사진을 확대하듯이 음양의 사진을 확대하면, 오행이 펼쳐집니다.

오행의 특성

오행의 특성을 표로 정리해 보았습니다.

오행 목은 계절로는 봄입니다. 시간으로는 아침이고, 운동성으로 보면 솟아오르는 겁니다. 초목으로 보면 새싹으로 비유할 수 있고요. 인생으로 보면 어린이, 이제 막 태어나서 활발하게 탐색하는 단계입니다. 품성은 어짊입니다. 방위로는 동쪽이고, 맛은 신맛입니다.

오행 화는 계절로는 여름이고, 시간으로는 점심입니다. 운동성은 확장해 나가는 겁니다. 초목으로 보면 무성해지는 것이죠. 인생으로 보면 청년기, 품성은 예의입니다. 방위는 남쪽이고, 맛으로는 쓴맛에 해당합니다.

오행 토는 간절기예요. 여름과 가을을 연결해 주는 단계이고, 시간으로는 오후입니다. 운동성은 '아우르는 것'입니다. 혹은

	목	화	토	금	수
계절	봄	여름	간절기	가을	겨울
시간	아침	점심	오후	저녁	밤
운동성	솟아오름	확장	아우름	수렴	사라짐
초목	새싹	무성	유지	열매	씨앗
인생	어린이	청년	중년	장년長年	노년
품성	인仁	예禮	신信	의義	지智
방위	동	남	중앙	서	북
맛	신맛	쓴맛	단맛	매운맛	짠맛

오행의 특성

중재하고 조정하는 것이 토의 운동성입니다. 초목으로 보면 나무가 무성함을 유지하는 것입니다. 인생으로 보면 중년, 품성은 믿음입니다. 방위로는 중앙에 해당합니다. 맛으로는 단맛입니다.

오행 금은 계절로는 가을입니다. 시간으로는 저녁이고, 운동성은 수렴하는 것입니다. 초목으로 보면 열매입니다. 인생으로 보면 장년, 품성은 의리입니다. 방위는 서쪽이고, 맛은 매운맛입니다.

오행 수는 계절로는 겨울입니다. 시간으로는 밤이고, 운동성은 '사라지는 것'입니다. 초목으로 보면 씨앗입니다. 모든 것이 사라져서 씨앗만 남은 상태죠. 인생으로 보면 노년, 품성은 지혜입니다. 방위는 북쪽이고, 맛은 짠맛입니다.

목

오행 중 먼저 목부터 살펴볼게요.

목은 인자하고 어질며 인간에 대한 따뜻한 마음을 품고 있어요. 이상주의적인 성향도 갖고 있습니다. 생동감이 있고, 진취적이며, 기획에 관심이 많습니다. 이런 설명들은 오행 목에 대한 기본 내용이면서, 사람에게 적용했을 때는 사주팔자에서 태어난 날의 천간 즉, 일간이 목인 사람들의 특성입니다.

목의 첫 번째 키워드는 솟아오름입니다. 위 태극 이미지를 보면 알 수 있듯이, 왕성한 음에서 양을 이끌어 내는 것이 목입니다. 목은 달걀을 깨고 나오는 힘입니다. 땅을 뚫고 나오는 씨앗의 힘으로도 볼 수 있습니다. 지극한 어둠과 음을 뚫고 올라오

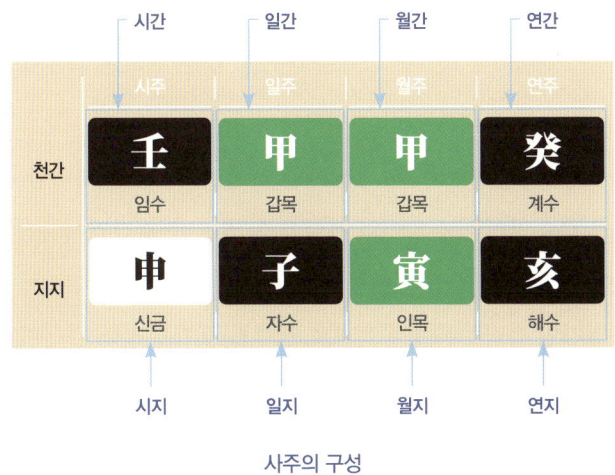

사주의 구성

니까 강한 변혁의 힘입니다.

목은 계절로는 봄이죠. 희망, 생동감, 젊음, 밝음입니다. 개학 첫날 학생들이 느끼는 설렘, 봄밤에 버스커 버스커의 〈벚꽃 엔딩〉을 들으면서 드라이브할 때 피어오르는 몽글몽글한 감정, 봄밤의 환희 등이 바로 목의 정체입니다. 목은 시간으로는 아침에 해당하니까 시작, 새로움, 맑음의 의미도 가지고 있습니다.

명리에서는 오행을 색과 연결 짓습니다. 고전에는 목의 색이 청색으로 나와 있는데, 저는 오행을 하나의 고정된 색으로 이해하는 것에 의문을 품고 있어요. 오행은 하나의 고정된 물질이 아니라 변화하는 기운의 한 단계로 이해해야 합니다. 변화의 단계를 하나의 색으로 명확하게 표현하는 것은 오히려 오행에 대한 오해를 고착화할 수 있습니다. 굳이 목을 색으로 표현해야 한다면, 연두색 혹은 에메랄드색으로 볼 수 있습니다. 새싹의 색이죠. 목은 울창한 나무가 아니라 기지개를 켜고 땅에서 솟아오르는 새싹으로 볼 수 있기 때문이죠. 나무 새순의 색이 목의 기운을 잘 드러내고 있다고 생각합니다.

새싹이라는 키워드를 확장하면 어린이, 이제 막 자라남, 가능성, 순수함이라는 의미와 연결할 수 있습니다. 인의예지신 중 인에 해당합니다. 어진 마음, 인간애를 상징하죠. 사주에서 목이 일간인 사람들은 공통적으로 약자를 살피는 것에 관심이 많아요. 조건 없이 주는 힘을 가지고 있습니다. 목과 관련 깊은 신체 기관은 척추, 소근육, 간, 쓸개, 췌장입니다. 물상으로는 산, 나무, 식물을 예로 들 수 있습니다.

- 곡물 : 보리, 녹두, 완두콩, 강낭콩, 들깨·참깨(들기름, 참기름), 귀리, 오트밀
- 채소 : 브로콜리, 달래, 부추, 깻잎
- 과일 : 블루베리, 아로니아, 노니, 오미자, 산수유, 딸기, 포도, 귤, 오렌지, 자몽, 매실, 모과, 파인애플, 사과
- 육류 : 간
- 기타 : 포도주, 녹차(카테킨), 신김치(묵은지), 땅콩·호두·잣 등 견과류

위 내용은 명리학 책들에서 목에 해당하는 음식이라고 제시한 것들입니다. 그런데 검증이 된 것일까요? 목의 음식이란 증거가 있을까요? 귀리가 어떤 근거로 목의 음식이란 것일까요?

궁금해서 공통점을 찾아봤는데, 명리에서 목의 맛이 신맛이잖아요. 신맛과 관련한 음식을 검색해 보니까 항산화, 젊음의 비법 같은 말들이 나오는 겁니다.

항산화 작용과 목은 어떤 관계가 있을까요? 몸에서 산화가 일어난다는 것은 노화가 일어난다는 말입니다. 산화를 막는 항산화는 아주 좋은 거죠. 노화를 방지하니까요. 항산화에 좋은 음식을 검색했더니 주로 신맛을 지닌 베리류, 오렌지, 비타민C가 나옵니다. 신맛이 젊음의 유지에 기여한다는 것이죠. 목은 봄의 기운·어린이의 기운·생동감·순수함 등을 의미하고, 음식으로는 신맛으로 발현되는 것이죠. 핵심은 음식의 색이나 모양이 아니라 맛이었습니다.

그래서 위 음식들 중에서 신맛에 해당하는 음식이 진짜 목의 기운을 끌어올릴 수 있다는 결론을 내 봤습니다. 보리, 녹두도 좋지만 주목해야 할 건 블루베리, 아로니아, 포도, 귤, 오렌지 등의 과일이죠. 신맛을 지닌 것들이니까요.

목은 신맛과 관련이 깊고, 이 신맛이 항산화 작용을 한다, 우리를 젊게 한다, 그러므로 목의 음식으로는 비타민C가 풍부한 과일과 채소 등이 있다 정도로 기억을 해 두면 좋겠죠. 사주에 목이 필요한 분들을 만났을 때 자연스럽게 이런 음식들을 추천해 주고요.

위 내용을 토대로 젊어지는 비법도 한번 정리해 봤습니다. 젊어지려면 목을 추구하면 됩니다. 목은 어린이의 기운이고, 시작의 기운이고, 생동감의 기운이고, 순수함의 기운이니까요. 젊음을 유지하려면 과일을 많이 먹자, 오행 목의 물상에 해당하는 산에 많이 가자, 오행 목의 시간인 아침에 일찍 일어나자고 조언도 할 수 있겠죠.

화

오행 화는 자신을 드러내려는 성향이 강합니다. 감정적이고, 즉흥적입니다. 인사를 잘하고, 자신의 영향력을 증명하려는 성향도 있습니다. 태극 문양으로 보면 위와 같습니다. 음기가 목을 통해서 양기로 전환이 됐고, 이 양기가 자신의 위세를 크게 확장하는 것이 화입니다.

먼저 확장이라는 키워드로 설명을 드리겠습니다. 화는 한번에 자신의 존재를 드러내는 힘입니다. 태양처럼 말이죠. 화는 미디어·유튜브·영상 매체이며, 공개의 힘입니다. 요즘은 많은 분이 미디어에 노출되어 있잖아요. 현대인은 거의 종일 스마트폰을 보고, 모니터 화면을 봅니다. 거의 종일 오행 화에 노출되어 있고, 화 기운을 일상적으로 아주 많이 운용한다고 볼 수 있죠. 영상 매체를 많이 접하면 화 기운이 지나쳐 여러 문제가 발생할 가능성이 높습니다. 따라서 영상 매체가 오행 화라는 사실을 잘 이해하고 있으면, 상담할 때 많은 도움이 됩니다. 화 기운이 지나쳐 생기는 우울증과 수면 부족, 조급증 등을 짚어 주고 해결책을 제시할 수 있기 때문이죠.

화는 계절로는 여름입니다. 여름을 키워드로 말씀드릴게요. 일간이 화인 분들은 어떤 일을 할 때 여름에 내리쬐는 태양처럼 열정적으로 몰두합니다. 무성한 생명력, 지치지 않고 달리는 슈퍼카와 같습니다.

화는 시간으로는 점심에 해당하는데, 점심은 진행, 도전, 밝음과 연결할 수 있습니다. 화의 색은 붉은색입니다. 역시 제 관점에서는 붉은색이 아니라 화려한 색, 밝은색, 환한 색입니다. 어떤 분 사주를 보고 화 기운이 필요하다고 하면, "그럼, 저 붉은색 옷 입으면 되나요?"라고 묻는 경우가 있습니다. 저는 밝은색, 화려한 색 계열의 옷을 입으시라고 조언합니다. 유연하게 적용하는 것이죠.

화는 식물이 무성하게 자라는 과정을 뜻하기도 합니다. 압도적인 성장 속도가 특징이죠. 그래서 화는 일단은 자라나는 것이 목표라고 정리했습니다. 일간이 화인 분들은 어떤 일을 할 때 초반에는 성장 속도가 빠릅니다. 중반을 넘어가면 급격하게 흥미를 잃고요.

화는 오덕 중에 예의에 해당합니다. 인사성이 좋다는 말입니다. 화는 남에게 자신을 표현하는 것에 최적화되어 있어요. 대인관계의 첫 단추가 인사이기 때문에 인사를 잘하는 것을 통해 내 존재를 알리고 싶어 하는 것이 화입니다. 일간이 화인 분들에게 인사는 나를 인정해 달라는 표현, 내 존재를 알아 달라는 표현이죠.

화와 관련 깊은 신체 기간은 심장, 혈관, 눈입니다. 화의 물상은 태양, 불, 조명, 인터넷, 전기, 화면, 눈에 보이는 것입니다.

- 곡물 : 수수
- 채소 : 씀바귀, 취나물, 익모초, 두릅, 고사리, 냉이, 쑥, 샐러리, 근대, 더덕, 도라지, 상추, 쑥갓, 아욱, 케일
- 과일 : 살구, 은행
- 육류 : 염통
- 기타 : 커피, 담배, 술(와인 / 위스키 / 증류주 / 도수가 높은 술)

화에 해당하는 음식들입니다. 핵심은 기타 항목에 있습니다. 커피, 담배, 술 종류입니다. 역시 오행은 음식에서는 색이나 모양이 아니라 맛으로 드러난다고 생각합니다. 커피와 담배, 술은 모두 쓴맛이 나죠. 그래서 쓴맛을 연구해 봤습니다.

쓴맛은 알칼로이드 성분으로 좌우됩니다. 알칼로이드는 자연물에 존재하는데 독성을 띱니다. 고대부터 의약품이나 마약류로 주로 사용되었습니다. 코카인, 카페인, 니코틴, 모르핀, 퀴닌 등에 알칼로이드 성분이 들어 있습니다. 재미있는 사실은 동

물 몸속, 우리의 몸속에도 알칼로이드가 있다는 것입니다. 다만 알칼로이드라 하지 않고 아드레날린이라고 할 뿐이죠. 아드레날린은 흥분을 좌우합니다. 인간의 고양된 감정과 관련된 호르몬이에요.

화는 과학적인 관점으로 보면 알칼로이드와 아드레날린이라는 이름을 가지고 있고, 맛으로는 쓴맛으로 드러난다고 볼 수 있습니다. 쓴맛, 환희, 흥분 그리고 그 흥분으로 인한 치유까지 연결됩니다.

명리를 처음 배울 때 담배가 오행 화라는 말을 들었습니다. 궁금해서 이유를 물어보았죠. 담배를 피우려면 불을 붙여야 하고, 연기도 흡입하니까, 화라는 겁니다. 지금은 화가 쓴맛과 관련되어 있다는 것을 알았으니, 담배 니코틴 성분의 쓴맛 때문에 담배가 화의 작용을 한다고 생각하고 있습니다. 커피와 술도 마찬가지로 이해하면 좋겠습니다.

술은 수

술에 대해서는 따로 덧붙일 말이 있습니다. 술에서 쓴맛을 느낄 수 있기 때문에 술은 화의 작용을 합니다. 그런데 '술은 오행 수의 작용도 한다. 그래서 술은 화이기도 하고 수이기도 하다'고 말씀하는 분들도 있습니다. 물과 불(알코올)이 섞였기 때문이란 겁니다. 저는 술이 물과 알코올이 섞여 있기 때문에 오행

화와 수의 작용을 한다는 논리에는 동의하지 않습니다. 술을 마셨을 때 우리 몸과 마음의 상태를 생각해 보면 어렵지 않게 결론을 낼 수 있습니다.

  술은 처음에는 화의 작용을 합니다. 기분이 좋아지잖아요. 쓴맛에서 비롯한 화의 작용으로 인해 몸과 정신이 고양됩니다. 흥분됩니다. 하지만 이후 오래 지속되는 것은 허무와 침잠, 우울 등입니다. 기분이 축 가라앉고 허무감, 후회감이 밀려옵니다. 이 감정은 전형적으로 오행 수의 감정입니다. 술을 오행의 관점에서 어떻게 정의할지 물어오면 저는 오행 화와 수가 함께 작용하지만, 결론적으로는 수라고 말씀드립니다. 일시적으로 화의 작용이 있긴 하지만, 오래 남아서 영향을 미치는 것은 수이기 때문이죠.

토

다음은 오행 토입니다. 토는 포용력이 있고, 진중하고, 균형 감각을 갖고 있습니다. 중심을 지키며 믿음을 줍니다. 희생과 봉사를 통해서 주변인에게 정서적인 안정감을 줍니다. 토가 일간인 분들에게서는 특유의 안정감을 느낄 수 있습니다. 이 안정감이 토의 본질이죠.

토는 아우르는 것입니다. 멈춰 서서 품는 힘입니다. 이동하지 않습니다. 이동하지 않기 때문에 품을 수 있는 거죠. 지키는 힘이고, 기반이 되는 힘입니다. 중도의 힘으로 볼 수 있고요. 가만히 앉아서 지키는 힘이기에 과거를 중시하는 보수적인 성향으로 드러납니다.

계절로는 여름과 가을 사이에 해당합니다. 뜨거움과 냉정함 사이에서의 중재, 멈춤, 푸근함, 포용력의 의미가 있습니다. 시간으로는 오후입니다. 새로운 전환, 잠시 멈춤의 의미입니다. 색으로는 황색이지만, 저는 땅의 색과 여러 색이 모여 명확히 어떤 색인지 정의하기 어려운 색으로 생각하고 있습니다.

식물의 단계로 보면 열매 맺을 준비를 하는 단계, 포용과 인내의 단계입니다. 오덕으로 보면 믿을 신입니다. 동물들은 움직이고 떠나가지만 움직이지 않고 천년을 버티는 것이 오행 토입니다. 흔들리지 않고 한자리를 지키기 때문에 믿음을 줄 수 있습니다. 감정의 동요가 없으며 모두에게 공정한 기회를 줍니다.

토와 관련 깊은 신체 기관은 피부입니다. 여드름, 아토피와 밀접한 관련이 있습니다. 또한 토는 위와 소화 기관을 의미합니다. 물상으로는 땅, 흙, 지평선입니다. 전북 김해 지역의 평야를 상상하면 좋겠습니다. 드넓게 펼쳐진 땅에서 느껴지는 안정감, 평온함이 토의 본질입니다.

- 곡물: 쌀, 밀, 노란 콩
- 채소와 과일: 대추, 참외, 단감, 연시, 호박, 고구마, 고구마 줄기, 시금치, 미나리, 홍당무, 양배추, 연근, 감초, 칡, 맥문동, 황기, 갈근, 당귀
- 육류: 위장
- 차: 구기자차, 칡차
- 기타: 두부, 된장, 꿀, 엿, 조청, 설탕, 칡즙

토에 해당하는 음식들입니다. 저는 단맛이 핵심이라고 보고 자료를 찾아보았습니다.

단맛은 포도당에서 비롯하는데, 포도당은 주로 곡물인 쌀과 밀에서 얻을 수 있습니다. 쌀과 밀이 토의 음식인 이유죠. 단맛은 안정감과 행복감을 줍니다. 호르몬 세로토닌과 도파민의 영향입니다. 사람이 배고프면 신경이 예민해지는데, 단 음식을 먹으면 예민한 신경이 가라앉고 마음이 평온해지잖아요. 토가 가져다주는 안정감, 행복감의 긍정적인 작용으로 볼 수 있습니다.

사주에 수 기운이 많으면 생기는 부작용이 뭐냐면, 생각이 너무 많다는 겁니다. 수 기운은 곧 생각을 의미하니까요. 수 기운이 많으면 걱정과 망상이 많아서 피곤합니다. 불안 지수도 높죠. 수 기운이 많은 분은 수면 습관이 불규칙하고, 제시간에 못 잡니다. 이런 분들에겐 어떤 처방이 좋을까요? 수는 물상적으로 물을 의미해요. 물이 많아서 범람하면 무엇으로 막을 수 있

오행의 생극

죠? 흙이죠. 흙으로 제방을 쌓아서 물을 제어할 수 있습니다. 이처럼 오행 토가 중요한 역할을 했을 때 수 기운이 많은 분은 균형을 회복할 수 있어요. 토가 단맛과 연결되니 수 기운이 많은 분은 단 음식, 맛있는 음식 먹는 것이 처방전이 될 수 있겠죠. 맛있는 음식을 먹으면 위장이 편안해지고, 마음이 안정되면 불안이 줄어드니 잠도 잘 수 있습니다.

당뇨병에 등산이 좋은 이유

토에 대해서도 추가할 말이 있습니다. 오행의 관점에서 보면, 당뇨병은 토가 과해서 걸립니다. 단맛이 토에 해당하니 단 음식을 많이 먹어 생긴다는 거죠. 그럼 당뇨병 치료에는 어떤 것이 좋을까요?

신체에서 포도당의 수치가 올라가면 어느 기관에서 조절해주나요? 췌장입니다. 포도당 조절에 췌장이 중요한 역할을 합니다. 췌장에서 생성되는 인슐린이 과도한 당분(포도당)을 제어합니다. 그렇다면 췌장과 연결되는 오행은 무엇일까요? 목입니다. 췌장에서 생성되는 인슐린이 포도당을 제어하는 과정을 오행의 관계로는 목이 토를 극하는 것(목극토)으로 연결해 볼 수 있는 것이죠(왼쪽 도표 참고). 극에 관해선 나중에 배우게 될 건데요, 목극토만 잠깐 말하면, 목이 토를 극한다는 것은 목이 토를 공격하는 것, 목이 토를 파헤치는 것을 뜻합니다.

당뇨병 환자들은 치료를 위해 운동을 많이 해야 합니다. 병원에서는 운동 중에서 특히 등산을 권합니다. 명리 관점에서 그 이유를 설명할 수 있죠. 산, 나무가 오행 목을 상징하니까 등산을 통해 목의 기운을 끌어당길 수 있는 겁니다. 그렇게 끌어당긴 목의 기운으로 과다한 토를 제어하는 거죠.

금

다음은 오행 금입니다. 금은 급격하게 음기가 강해지는 단계를 의미합니다. 주체성이 강하며, 강단이 있습니다. 일간이 금인 분들은 유독 자신의 몸과 마음을 탄탄하게 유지하는 것에 관심이 많고 또한 경쟁적입니다.

수렴이라는 키워드로 말씀을 드려 볼게요. 금의 수렴이 어떤 느낌이냐면 군더더기를 제거하는 거예요. 잘라 내는 것이며, 거부하는 힘입니다. 스스로에게 수갑을 채우는 힘, 혹은 남을 가두는 힘, 절제와 강단의 힘으로 볼 수 있습니다. 다 수렴이란 키워드에서 파생된 거죠.

계절로는 가을입니다. 냉정함, 차가움, 스산함, 가을밤의 쓸

쓸함을 의미합니다. 시간으로는 저녁입니다. 정리, 버리고 모으는 것, 깔끔함입니다. 금의 색을 보통 흰색으로 분류하지만 저는 좀 색채를 잃어버린 것, 감정이 없는 색으로 봅니다. 철강의 색 혹은 노출된 콘크리트 건물의 색이죠.

금은 열매 맺음입니다. 결실, 실제로 확인하고 소유하고, 내 것과 남의 것을 완벽하게 가르는 것이 금의 핵심입니다. 금은 오덕 중 의리에 해당합니다. 약속을 지키는 것, 나에게만 아니라 남에게 모두에게 칼을 들이대는 힘이 금입니다. 금과 관련 깊은 신체 기관은 폐, 기관지, 대장입니다. 물상으로는 큰 바위나 도끼, 칼, 가위 등입니다.

- 채소와 향신료: 무, 고추, 파, 마늘, 달래, 양파, 생강, 후추, 겨자, 와사비, 계피
- 육류와 해산물: 동물의 허파와 대장, 생선류, 조개류
- 차: 생강차, 수정과

금에 해당하는 음식들입니다. 여기서도 저는 맛에 핵심이 있다고 보았습니다. 금은 매운맛입니다. 재미있는 사실은 매운맛은 맛으로 볼 수 없다는 점이에요. 매운맛은 미각이 아니라 통각이죠. 아픔이자 고통이죠. 금의 물상이 칼을 비롯해 잘라 내는 것들이니, 맛에 있어서도 다른 맛과 다르게 고통의 의미가 있는 것은 아닐까 하고 생각해 보았습니다.

매운맛을 놓고 생각을 확장해 봤습니다. 먼저 알아야 할 것

이 금과 목의 관계입니다. 금은 목을 극합니다(182쪽 〈오행의 생극〉 도표 참고). 물상적으로는 도끼로 나무를 베는 것으로 볼 수 있어요. 이제 통풍에 대해 말씀드릴게요. 통풍은 요산과 직접적으로 관련 있죠. 요산이 과다해서 발병합니다. 요산은 주로 동물의 간에서 발견됩니다. 동물의 간은 앞서 말했듯이 오행 목에 해당하죠. 명리 관점에서 보면 통풍은 목의 과다로 인한 불균형에서 비롯하는 질병이에요. 놀라운 사실은, 이 통풍 치료에 매운맛이 효과가 좋다는 것입니다. 과다한 목을 금이 제어하는 금극목으로 연결할 수 있습니다.

수

다음은 오행 수입니다. 일간이 수인 분들은 감성적이고 독창적이고 유연하고 똑똑합니다. 수용적인 태도로 상대방을 편안하게 만드는 것이 수의 본질입니다.

수의 핵심은 '사라짐'인데, 이에 관한 것부터 말씀드리겠습니다. 수는 음기가 극단으로 차오른 단계입니다. 차오를 만큼 차오른 거죠. 음기가 극단으로 치닫는다는 것은 에너지 관점에서 보면 태양 에너지가 사라지는 것을 의미합니다. 정체를 숨기고 말을 아끼는 힘으로 볼 수 있고요. 눈을 감는 거예요. 눈을 감는 대신 진실을 볼 수 있고, 실체를 꿰뚫을 수 있습니다. 수는 통찰력과도 연결됩니다.

계절로는 겨울입니다. 허무, 침잠, 늙음, 어둠, 한겨울의 공포를 의미합니다. 시간으로는 밤이죠. 끝입니다. 사라지는 것입니다. 휴식, 죽음입니다. 혹은 성적 욕망을 의미합니다. 색은 검은색입니다. 저도 수는 밤에 해당하기에 아무것도 보이지 않는 암흑의 색으로 이해하고 있습니다. 식물로는 씨앗입니다. 아주 작은 보잘것없는 것이지만 사실은 모든 가능성을 끌어안고 있는 것이 씨앗이죠. 먼 미래의 가능성, 눈에 보이지 않는 희망과 잠재성을 상징합니다.

수는 지혜를 의미합니다. 통찰, 현명, 하나를 보고 둘·셋·넷을 유추할 수 있는 힘입니다. 관련 깊은 신체 기관은 뇌(정신력), 생식기, 방광, 신장입니다. 물상으로는 바다, 물, 강물, 음악, 해외입니다.

술과 관련 깊다

수에 대해서도 추가할 말이 있습니다. 수는 인간의 정신력 혹은 우울증과 깊이 관련돼 있습니다. 정신의 문제, 우울의 문제는 현대인이 풀어야 할 숙제이기 때문에 수에 대해 정확히 이해해야 하고, 해석을 잘해야 합니다. 그러면 실제 상담 현장에서 유용하게 활용할 수 있습니다. 앞으로 강의에서 여러 차례 말씀드리겠습니다.

앞에서 말씀드렸듯이 오행 화도 술이고 오행 수도 술인데, 진짜 술과 관련된 것은 수입니다. 술을 마시면 일시적으로는 기분이 좋아지지만 이후에는 우울한 감정이 오래갑니다. 술에 취했을 때 성적인 사고도 많이 납니다. 명리 관점에서 보면, 술이 오행 수에 해당하는 성적인 욕망을 자극하기 때문이죠. 술을 자주 마시면 중독으로 이어지는데, 습관적으로 술을 마시는 행동이 수 기운을 부정적으로 발현시켜 우울증, 성적인 일탈, 중독으로 연결되는 것입니다.

- 곡물 : 검정콩, 메밀, 흑미
- 채소와 과일 : 가지, 수박
- 저장류 : 소금, 된장, 간장, 젓갈
- 육류와 해산물 : 돼지고기, 해삼, 미역, 다시마, 김, 파래, 톳, 해초류
- 기타 : 맥주

수에 해당하는 음식들입니다. 역시 맛에 초점을 맞춰야겠죠. 수는 짠맛입니다. 짠맛과 관련된 자료를 찾아보았습니다. 짠맛 하면 소금(염화나트륨)인데, 염화나트륨은 대표적인 전해질입니다. 전해질은 신체에 에너지를 전달하는 작용을 하는 물질입니다. 수는 유통, 교류, 흐름을 의미해요. 전해질이라는 단어와 일맥상통하죠.

   수가 인간의 생식력에 영향을 미친다는 관점에서 보면, 동물의 번식을 돕기 위해 사료에 소금을 넣는다는 정보는 아주 중

요하죠. 저염식은 성욕과 임신 가능성을 낮추고, 유아 체중도 감소시킨다고 합니다. 발기부전, 피로, 수면 장애를 증가시키고 여성의 경우 초경을 늦춘다고 합니다.[7] 수 기운은 이처럼 생식과 깊이 연관돼 있습니다.

수는 신장과도 긴밀한 관계예요. 선천적으로 부신에 문제가 있어 소모성 신장을 가진 분들은 임신과 출산에 어려움을 겪는다고 합니다.[8] 신장의 문제가 임신과 출산의 어려움으로 이어질 수 있다는 사실을 통해서도 오행 수와 신장, 생식의 관련성을 알 수 있습니다.

수는 수면과도 관련이 깊습니다. 수는 휴식과 잠을 의미합니다. 한 연구 결과에 따르면[9] 수면 시간이 6시간 이하인 50~60대의 경우 7시간 넘게 잔 사람보다 인지장애(치매) 위험이 30퍼센트 높게 나왔다고 합니다. 알츠하이머 걸린 쥐를 많이 재우니까 알츠하이머가 완화되었다는 연구 결과도 있죠. 수면이 이렇게 중요합니다. 시간으로 볼 때 수는 어느 때입니까. 밤이죠. 밤에 잠으로써 우리는 수 기운을 보충합니다. 이것은 무엇과 연결되나요? 정신력 회복과 바로 연결됩니다.

수는 앞서 말씀드린 것처럼 성기능과도 관련이 깊습니다. 미국의 유명한 병원 하버-UCLA 메디컬센터에 따르면, 수면이 부족하면 고환이 작은데, 수면이 충분한 사람에 비해 2배 정도 작았다고 합니다. 남성 호르몬인 테스토스테론도 뚜렷하게 차이가 나고 말이죠. 테스토스테론은 성욕을 높이고 에너지를 주며 더 진취적이고 활동적이게 하는 호르몬인데, 수면이 부족하

면 분비량이 줄어 발기의 질도 떨어진다고 합니다.[10]

잠은 밤에 자야

　물론 너무 많이 자도 안 좋습니다. 너무 많이 자면 어디에 영향을 미칠까요? 혈관입니다. 왜 그런지 극의 관점에서 살펴볼게요. 수가 극하는 기운이 뭔가요? 오행 화입니다(182쪽 〈오행의 생극〉 도표 참고). 화에 해당하는 신체 기관이 심혈관이죠. 너무 많이 자면 심혈관에 문제가 생길 수 있고, 너무 적게 자면 정신력(뇌의 작용)에 문제가 생길 수 있습니다. 잠이 이렇게 중요합니다.

　그럼 언제 자는 게 좋을까요? 잠은 오행 수에 해당하는 시간인 밤에 자야 합니다. 수의 시간인 밤에 자는 것이 수의 기운을 받아들이는 최고의 방법이에요. 똑같이 8시간을 자도, 밤에 8시간 자는 사람과 밤에 일하고 낮에 8시간 자는 사람의 건강 상태는 많이 다릅니다. 낮에 자는 사람의 건강이 더 좋지 않습니다. 왜 이런지 과학적으로는 설명하기 어렵다고 합니다. 낮이든 밤이든 똑같이 8시간 자는 거니까요. 하지만 명리 관점에서는 너무 쉽게 이해할 수 있습니다. 밤은 수의 시간이니 수에 어울리는 활동을 하는 것이 수 기운을 충족하는 방법이죠. 밤에 자야 우리 몸이 제대로 쉬어 여유를 되찾을 수 있는 겁니다.

수강생 질문

 모든 사물과 현상의 음양 관계를 얘기할 때, 왜 확정적인 표현을 안 하시나요?

제가 왜 확정적으로 말씀을 안 드리고, 애매하게 말씀드릴까요? 음양의 관계가 결정되어 있나요? 공식이 있나요? 아니거든요. 저는 음과 양의 본질을 가지고 제 주변에서 벌어진 어떤 사건이나 현상, 인간 관계들을 유추해 볼 뿐입니다. 이런 방법이 맞는지 아닌지는 여기서 중요하지 않습니다. 주변 현상을 관찰할 때 음양의 방법론으로 관찰하면 훨씬 더 깊게 통찰할 수 있다는 점이 중요하죠. 이 통찰력은 무엇과 연결될까요? 상담 방법론과 그대로 연결됩니다. 명리 상담가는 정답을 제시하는 것이 아니라 유추의 과정을, 우리 삶을 음양의 본질로 유추하는 과정을 보여 주는 것이죠. 그렇기 때문에 제 말에 확정적인 표현이 없는 것입니다. 중요한 것은 음양이라는 본질을 어떻게 우리의 현실에서 유추해 내는가입니다.

 악기도 음과 양으로 나눌 수 있나요?

저는 타악기와 현악기로 음양을 구분하기보다는 학창 시절 때

배운 단조와 장조가 음양이라고 생각해요. 장조는 어떤 느낌이 드나요? 아주 밝고 명랑한 느낌이 나죠. 반면 단조는 어떤가요? 듣고 있으면 우울해지죠. 그렇다고 해서 장조는 양, 단조는 음이라고 외워야 한다고 말씀드리는 건 아닙니다. 바로 앞 질문에 대한 답변 내용처럼, 명리 원리를 바탕으로 유추하는 과정의 예로 말씀드린 겁니다.

테니스와 요가 모두 운동인데, 이 둘은 양인가요?

먼저 그 운동이 어떤 특성을 가지고 있는지 생각해 보면 좋겠습니다. 운동은 활발하게 움직이는 거니까 다 양일 거야라고 생각하시면 안 됩니다. 요가만 해도 차분하게 마음을 가라앉히고 숨을 고르는 활동이잖아요. 운동이면서 명상이기도 한 거죠. 게다가 요가는 대결하는 것이 아닌 혼자서 하는 운동입니다. 운동 중에서도 음에 해당한다고 볼 수 있습니다.

반면 테니스는 뙤약볕 아래에서 격하게 몸을 움직여야 하는 운동이죠. 혼자 하는 것이 아니라 대결하고 승부를 가려야 하는 운동이고요. 테니스는 음과 양 중에서 양으로 볼 수 있겠죠.

이처럼 어떤 활동의 특성을 관찰해서 자연스럽게 음과 양으로 구분해 보는 것이지, 음과 양은 미리 정해진 것, 고정된 것이 아닙니다.

사주에 화가 없을 경우 화에 해당하는 음식을 먹으면 도움이 될까요?

아닙니다. 앞서도 말씀드렸는데, 명리는 없는 오행을 추구하는 것이 아닙니다. 나에게 필요한 오행이 뭔지 먼저 확인한 다음에 그 오행을 음식으로 보완하면 도움이 될 수는 있습니다.

 수 기운이 많은 사주인데, 수면이 불규칙적입니다. 어떻게 개선할 수 있을까요?

수 기운이 많으면 어떤 문제가 생기냐면, 잠을 마음대로 자요. 하루에 4시간을 잔다면, 그 4시간을 밤에 자지 않고, 저녁 6시에서 밤 10시까지 자는 식예요. 밤을 꼬박 새우고는 다음 날 오전에 한 30분 자고 오후에 1시간 자고 이런 식으로 생활하는 분이 많더라고요.

이런 분들에게 가장 좋은 처방은 아침에 일찍 일어나는 겁니다. 새벽 5, 6시쯤 일어나서 등산이나 운동을 하는 등 활동을 하면 균형을 잡는 데 도움이 많이 될 겁니다. 왜 그 시간일까요? 5, 6시가 목 기운에 해당하기 때문이죠. 목 기운을 통해 사주의 수 기운을 유통시키면 정상적인 수면 패턴을 갖게 될 겁니다.

토 기운이 많을 때의 부정성은 어떤 건가요?

오행의 생극

〈오행의 생극〉 도표를 보면 이해하기 쉬울 텐데요, 토 기운이 과해지면, 수 기운이 제어됩니다. 물상으로 비유하면, 드넓은 땅에 수분이 말라 버립니다. 사막 같은 현상이 일어나는 거예요. 그러면 정신적으로 아주 예민해지고 스트레스에 취약해요. 걱정이 많은 것이 아니라 스트레스를 못 견디는 겁니다. 이때 발병하기 쉬운 것이 우울증입니다. 우울증은 수 기운이 많아질 때가 아니라 수 기운이 취약해질 때, 수 기운이 공격받을 때에 더 발병할 수 있다는 걸 기억해 두면 좋겠습니다.

수는 정신적인 유연성을 의미해요. 수 기운은 내가 어떤 잘못을 했을 때 '사람이 살다 보면 그럴 수도 있지. 내일은 더 좋아지겠지' 하며 스스로 걱정을 덜고 잠을 잘 수 있게 합니다. 그런데 수 기운이 부족하면 이런 유연성이 안 생기는 겁니다. 내가 잘못한 것을 곱씹으며 파고들어 자신을 비하하면서 막다른 곳으로 몰아가죠.

당연히 정신적인 여유와 안정을 잃게 됩니다.

토 기운이 많아 수 기운이 위축되어 있을 때는 두 가지를 주의해서 살펴보시기 바랍니다. 하나는 우울증이 발병하지 않았는지, 다른 하나는 특히 여성의 경우 임신, 출산 시기라면 조금 불리할 수 있으니 잘 살펴보시기 바랍니다. 제 경험을 토대로 말씀드린 겁니다.

 목 기운이 많으면 신경이 예민해진다고 알고 있는데, 그럴 땐 어떻게 하는 게 좋은가요?

목 기운이 많은 분은 위 질환에 많이 걸립니다. 위염, 위궤양 같은 것들이죠. 위는 오행 토에 해당해요. 목은 앞에서 신맛이라고 했죠? 위 입장에서는 목이 소화 효소일 수 있습니다. 위산 같은 거죠. 목이 과도한 사주에서 토가 부족하면, 위의 밸런스가 무너집니다. 산이 과다하게 분비돼서 균형이 깨지고 위염 같은 질환으로 연결될 수 있죠. 이런 때는 단 음식을 먹어 보양을 해 주면 좋습니다. 토가 단맛이니까요. 목이 많아서 지나치게 예민한 분들에게는 맛있는 거 먹으러 가자는 말이 명리적 해결책이 될 수 있습니다.

 오행이 부족할 때와 많을 때 어느 때 신체에 문제가 생기나요? 다 안 좋나요?

부족할 때, 과할 때 다 문제가 생깁니다. 잠과 비슷합니다. 너무 적게 자면 인지장애에 걸릴 확률이 높고, 많이 자면 심혈관이 안 좋아지죠. 수는 정신력이라고 했습니다. 수가 많을 때는 생각이 많아서, 성적 욕망이 많아서 문제가 생기고, 적을 때는 여유가 없어서 문제가 생기겠죠. 이렇게 유추해 나가는 겁니다.

어느 하나에 치우친 사주는 특정 질병과 연결될 가능성이 크고, 조화로운 사주에서는 질병이 잘 안 보이고요. 그렇다고 해서 모든 질병을 다 명리로 풀 수 있다고 생각하시면 안 됩니다.

명리로 건강 문제도 해결할 수 있나요?

인간에게 일어나는 모든 일을, 모든 질병을 다 명리로 풀 수 있다고 생각하시면 안 됩니다. 명리는 예리한 칼이 아니에요. 도사들을 조심하세요. 그분들, 이런 말씀 많이 하시죠. "다음 달에 분명히 ○○ 일이 생겨", "다음 달에 땅 팔릴 거야", "헤어진 남자친구한테 연락 올 거야"….

하지만 이런 예측은 명리라는 무기를 다루는 올바른 방법이 아닙니다. 명리라는 무기는 장기적이고 거시적으로 삶의 방향성을 제안할 때 빛을 발해요. "저도 부자가 될 수 있나요?", "저 이 직장에 지원했는데 합격할까요?" 이런 질문들보다 제가 듣고 싶은 것은 "인생을 살아갈 때 어떤 태도로 살아가야 할까요?", "직장 생활을 할 때 어떤 태도로 해야 할까요?" 같은 질문들입니다. 이런 질문에 최적화된 것이 명리이기 때문이죠.

제가 말해 줄 수 있는 답은 이겁니다. "직장 생활 할 때 시간을 잘 지키세요." 시간을 잘 안 지켜서 삶이 불리해지는 사주들이 있거든요. 이런 사주에는 시간을 잘 지켜야 된다, 출퇴근 시간을 분명히 지키는 것이 당신의 안정에 도움이 된다고 조언해 줍니다. 관성이 있는 사주죠. 관을 잘 쓰라는 말을 현실적으로 이야기해 주는 겁니다.

명리는 의사처럼 병을 진단하고 치료하거나, 다음 달에 합격할 거라고 예언을 하기 위해 배우는 것이 아니란 점 꼭 기억했으면 좋겠습니다.

문제 풀기

1. 음양과 사물의 속성에 대한 설명 중 틀린 것을 고르시오.

① 음양의 기운은 사물의 속성으로 파악할 수 없다.
② 낮과 밤, 발산과 수렴처럼 세상은 음과 양으로 구성되어 있다.
③ 나와 타인의 관계에 대입해서 나를 주체적으로 인식할 수 있다.
④ 음양과 사물의 속성을 안다면 개운법에 활용할 수 있다.
⑤ 동양철학은 음양의 기운을 사물로 치환하여 삶의 도구로 사용할 수 있게 했다(실용성, 객관성, 현실성).

2. 양의 본질에서 확장된 생각 중 틀린 것을 고르시오.

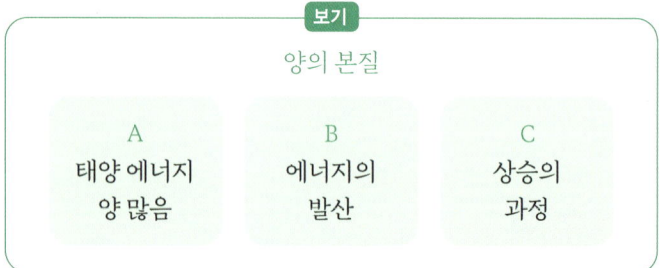

① 표현하고 자랑하는 것.
② 영역을 확장하는 것.
③ 도전하는 것.

④ 기회를 남에게 빼앗기는 것.

⑤ 내 영역을 지킬 수 없는 것.

---

3. 음의 본질에서 확장된 생각 중 틀린 것을 고르시오.

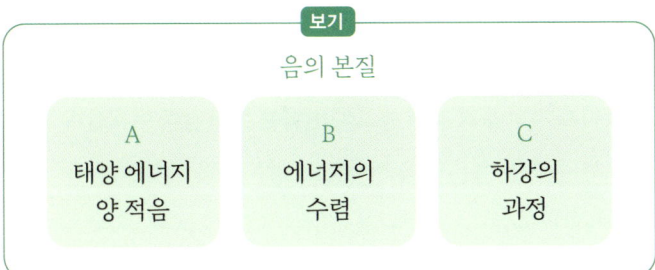

① 영역을 지키는 것.

② 생각하고 반성하는 것.

③ 장점을 드러내지 못하는 것.

④ 현실을 유지하는 것.

⑤ 허세로 인한 명예 손상, 질투.

---

4. 양기가 과도한 사람에게 해 줄 수 있는 조언은?

① 속도를 조절하세요.

② 도전해 보세요.

③ 새로운 것에 관심을 가지세요.

④ 과거에서 벗어나는 것이 중요합니다.

⑤ 다른 사람들의 말을 무시하세요.

5. 음과 양에 대한 설명 중 틀린 것을 고르시오.

① 음은 하강하려는 힘과 비워 내려는 운동성을 상징한다.

② 양은 양을 지향하고 음은 음을 지향하며 균형을 이룬다.

③ 음양의 철학이 우리에게 주는 통찰은 분리가 아니라 조화와 균형이다.

④ 우리가 지닌 음과 양의 농도와 변화를 통해 삶을 이해할 수 있다.

⑤ 모든 존재는, 음은 양을 지향하고, 양은 음을 지향한다.

6. 오행 목에 대한 설명 중 옳은 것을 고르시오.

① 무성 : 압도하는 성장 속도, 일단 자라나는 것이 목표.

② 유지 : 열매 맺을 준비를 하는 단계, 포용과 인내.

③ 솟아오름 : 땅을 뚫고 나오는 씨앗의 힘.

④ 적색 : 화려한 색, 밝은색.

⑤ 지 : 통찰, 현명, 하나를 보고 둘을 앎.

7. 오행 화에 대한 설명 중 틀린 것을 고르시오.

① 확장 : 한번에 자신의 존재를 드러내는 힘, 태양, 미디어, 유튜브.

② 핵심 : 자기표현, IT, 영상, 허무.

③ 예 : 타인에게 자신을 드러냄, 인사.

④ 신체 기관 : 심장, 혈관, 눈.

⑤ 당뇨병 : 명리적으로 오행 화(단맛)의 과다로 인해 발병.

8. 오행 토에 대한 설명 중 틀린 것을 고르시오.

① 아우름 : 멈춰 서서 품는 힘, 지키는 힘, 기반이 되는 힘.

② 여름~가을 : 중재, 멈춤, 중년, 푸근함, 포용력.

③ 핵심 : 활동(영향력)이 미치는 범위, 가족과 친구.

④ 음식 : 보리, 견과류, 블루베리.

⑤ 신체 기관 : 피부(여드름, 아토피), 위, 소화 기관.

9. 오행 금에 대한 설명 중 옳은 것을 고르시오.

① 짠맛 : 대표적인 전해질 소금(염화나트륨).

② 저녁 : 정리, 버리고 모음, 깔끔함.

③ 청색 : 새싹의 색(연두색).

④ 물상 : 태양, 불, 조명, 인터넷, 눈에 보이는 것.

⑤ 음식 : 코카인, 카페인(커피), 니코틴(담배), 모르핀.

10. 오행 수에 대한 설명 중 틀린 것을 고르시오.

① 사라짐 : 정체를 숨기고 말을 아끼는 힘, 통찰력.

② 신체 기관 : 뇌(정신력), 생식기(남녀), 방광, 신장.

③ 핵심 : 정신력, 해외여행, 술(성·중독·욕망), 음악, 우울증.

④ 밤 : 끝, 사라짐, 휴식, 생성, 욕망.

⑤ 수면 시간을 줄이고 밤에 활동하면 수 기운이 보충된다.

정답

1 ① **2** ④ **3** ⑤ **4** ① **5** ② **6** ③ **7** ⑤ **8** ④ **9** ② **10** ⑤

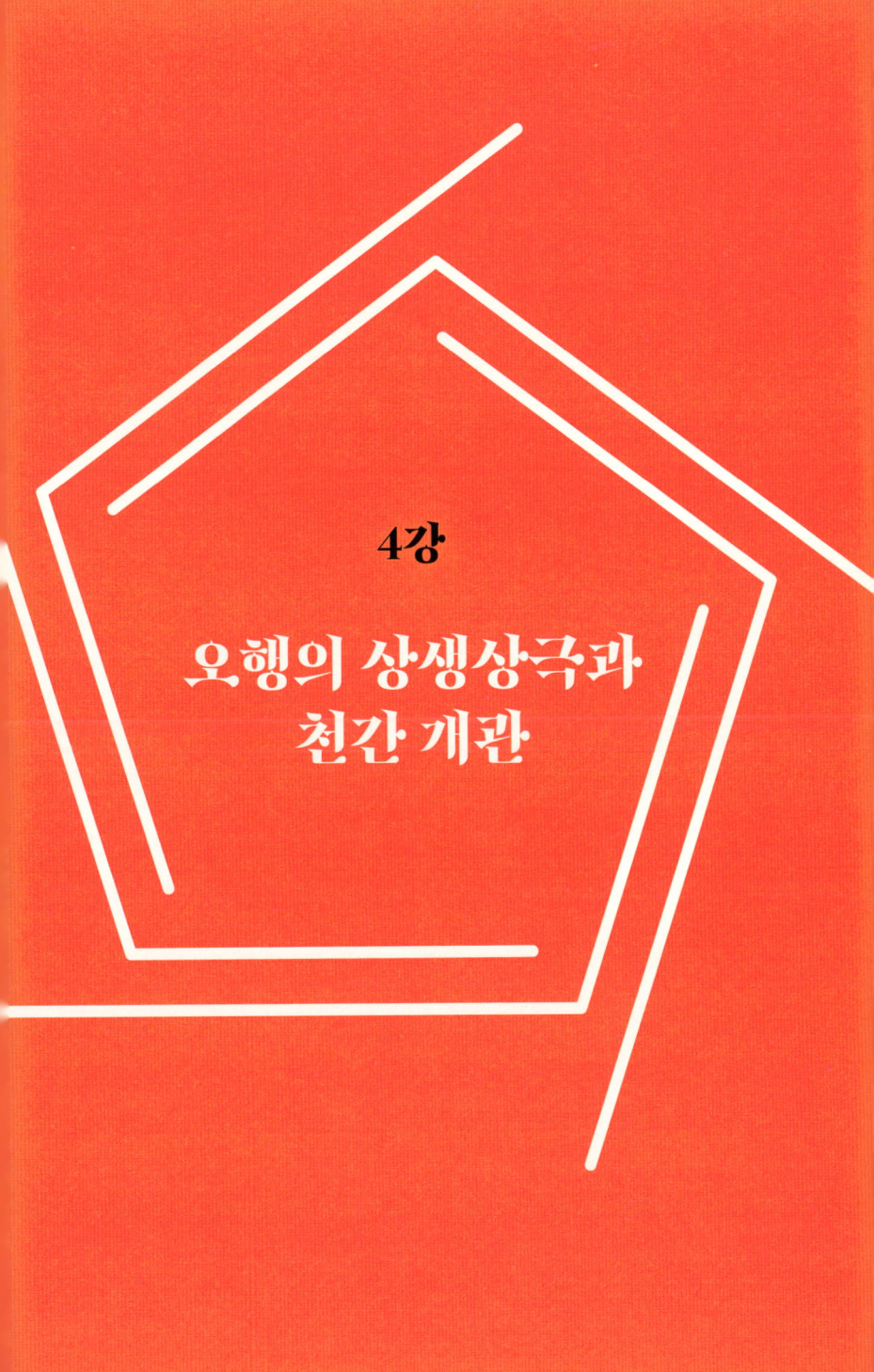

4강

오행의 상생상극과
천간 개관

상생

음양과 마찬가지로 오행 역시 조화와 대립의 관계를 이루고 있습니다. '조화'의 관계는 생生이라고 합니다. 생의 특성은 4가지로 정리할 수 있습니다.

(가) 생을 작동시키는 것은 행성의 운행이다(자전과 공전).
(나) 생은 겨울이 봄을 낳는 것처럼 자연스러운 흐름과 조화이다.
(다) 생은 하나의 오행이 다른 오행으로 전환되는 것이다(에너지 이동).
(라) 생은 당연하고 자연스럽고 익숙하고 맹목적인 활동이다.

먼저 (가)는 생을 작동시키는 것이 우주의 본질이라고 할 수 있는 자전과 공전임을 말해 줍니다. (나)는 생이 겨울이 봄을 낳는 것처럼 아주 자연스러운 흐름과 조화임을 말합니다. '아주 자연스러운 흐름과 조화'이기 때문에 명리에서는 그냥 생이라고 하지 않고 '상생'이라고 합니다. 조화를 이룬다는 뜻이죠. 겨울이 봄으로 연결되는 것이 오행의 생에서는 수생목水生木의 관점인데, 겨울과 봄이 조화를 이룬다고 이해하면 되겠습니다.

(다)는 하나의 오행이 다른 오행으로 전환되는 것, 즉 에너지 이동을 생이라고 합니다. 방금 말한 수생목도 한 예지요. 수생목은 오행 수가 자신의 어떤 기운과 에너지를 목에게 그대로 넘겨주는 것을 의미해요. '내 에너지를 너에게 줄게!' 하면서 넘겨주는 겁니다. 목의 입장에서는 어떻게 되는 거죠? 수생목의 과정이 일어나면 목은 수의 에너지를 받습니다. 그래서 목은 이런 목소리를 낸다는 거예요. '당신이 있기 때문에, 당신이 나를 지지해 주기 때문에, 당신이 나에게 에너지를 건네주기 때문에 내가 안정적으로 살 수 있어요. 내가 버틸 수 있어요.' 아름다운 작용이죠. 한쪽이 다른 쪽에 에너지를 주면 그쪽에서는 그 에너지를 받아 서로 긍정적인 영향을 미치는 것이 바로 생의 작용입니다. 오행 수도 기분이 좋아요. 왜? 주어서 좋은 거예요. 목도 기분이 좋아요. 왜? 받아서 좋은 겁니다. 그래서 명리에서는 생이라고 하지 않고 둘 다 좋기 때문에 '상생'이라는 아름다운 표현을 씁니다.

(라)는 생은 아주 자연스럽고 익숙한 활동이라는 것입니다. 맹목적인 활동이고요. 그러니까 '아니 수가 목에게 에너지를 왜 꼭 줘야 돼요?'라는 질문을 할 필요가 없습니다. 이 질문은 왜

겨울이 가면 봄이 꼭 와야 하냐고 묻는 것과 같아요. 지구의 운행에 따른 계절의 변화를 생이라는 개념으로 표현한 것이기 때문에 이 생의 작용은 너무나 자연스러운 하나의 법칙이라고 이해할 필요가 있습니다. 이 조건 속에서 우리가 살아가고 있는 것이죠. 굳이 비유하자면, 인간관계를 보십시오. 부모가 자녀를 사랑하는 데 이유가 있나요? 없죠. 나중에 배우게 될 텐데요, 생의 작용을 나타내는 대표적인 것이 부모와 자식 관계입니다.

(가)와 (나)를 보면 생이라는 것은 지구의 운행과 계절의 전환을 의미합니다. 혹은 시간의 흐름을 의미합니다. 지구의 운행, 계절의 변화, 시간의 흐름을 생이라는 개념으로 드러낸 것이지, 생이라는 개념은 하늘에서 뚝 떨어진 것이 아닙니다. 명리의 개념이 먼저 있고 지구의 운행이 있는 것이 아니라, 지구의 운행을 이론으로 정리해 놓은 것이 명리의 기본 개념인 것이죠. 그래서 당연히 거스를 수 없는 것입니다.

생의 종류

   생의 종류는 5가지입니다. 목생화, 화생토, 토생금, 금생수, 수생목입니다. 상생의 순서는 외우면 좋겠습니다. 명리에서는 외울 것이 많지 않아요. 외울 것이 많다던 소문과는 다르죠? 외울 것이 많지 않다고 해서 좋아할 일은 또 아닙니다. 외울 것이 많지 않다는 것은 어떤 능력이 뒷받침되어야 한다는 말이니까요. 바로 응용할 수 있는 능력입니다. 응용이 어려운 분들은 명리를 공부할수록 어렵다고 말씀하세요. 하지만 목화토금수는 꼭 외워 두세요. 목생화 → 화생토 → 토생금 → 금생수 → 수생목, 이렇게도 외우고요.

목생화

   앞에서 얘기했던 것 기억나시죠? 목은 봄이고, 화는 여름이

	물상(자연물)	자연의 흐름	확장된 의미
木 목 → 火 화	나무를 넣어 불을 피운다.	목생화: 봄이 여름이 된다.	도전이 열정으로 이어진다.
火 화 → 土 토	불이 꺼지고 난 뒤 땅이 모습을 드러낸다.	화생토: 여름이 간절기가 된다.	열정을 바친 결과 안정된다(확장된다).
土 토 → 金 금	땅이 응집하여 암반을 형성한다.	토생금: 간절기가 가을이 된다.	안정을 바탕으로 고유한 힘을 얻는다.
金 금 → 水 수	암반에서 깨끗한 물이 솟아난다.	금생수: 가을이 겨울이 된다.	고유한 힘이 여유와 휴식을 가져온다.
水 수 → 木 목	물을 양분 삼아 나무가 자란다.	수생목: 겨울이 봄이 된다.	여유와 휴식이 도전으로 이어진다.

생의 종류

오행의 생하는 관계

고, 토는 간절기이고, 금은 가을이고, 수는 겨울이죠. 자연의 흐름으로 보면 목생화는 봄이 여름으로 연결되는 거예요. 봄이 온 다음에 자연스럽게 봄이 여름을 이끌어 내는 거예요. 봄에게 존재 이유를 묻는다면 이렇게 대답하겠죠.

"나는 여름을 이끌어 내기 위해 존재해요."

물상으로 한번 이해해 볼게요. 그 전에 잠깐 물상에 대해 말씀드릴게요. 물상은 이해를 돕기 위해 이용하는 겁니다. 이 물상을 본질로 오해하지 않으셨으면 합니다. 거듭 말씀드리지만 명리는 결국 유추하고, 활용하는 겁니다. 원리에서 인간의 삶을 유추하고, 원리를 삶에 적용하는 것이 명리입니다.

목생화를 물상으로 얘기하면, 목생화는 모닥불에 나무를 넣는 겁니다. 목의 핵심이 뭔가요? 생동감입니다. 초등학생 1학년들이 가득 찬 교실을 떠올려 보세요. 왁자지껄하고, 밝은 에너지가 절로 느껴집니다. 선생님이 문제라도 내면 어떻습니까? 전부 손을 들고 자기가 대답하겠다고 하죠? 같은 상황에서 중학생들은 어떨까요? 초등학생 때의 기운이 조금은 남아 있어 25명 중 10명 정도는 손을 듭니다. 고등학생들은 어떨까요? 아마 아무도 안 들겠죠. 목의 기운은 초등학생 1학년들의 모습입니다. 눈을 초롱초롱 빛내면서 자신을 꼭 시켜 달라고 서로 손을 드는 그 광경이죠. 그것이 오행 목의 에너지입니다. 뭐든 해 보고, 도전해 보고, 새롭게 시작해 보는 겁니다.

봄이 도전을 하면 어디로 연결될까요? 여름입니다. 여름은 무엇을 의미하죠? 자신을 표현하는 것을 말하죠. 드러내는 겁니다. 열정적이고 폭발적으로 몰두하는 것이 여름이에요. 내가 손을 들고 도전한 것이 열정으로 연결되는 것이 목생화의 작용이라고 보면 됩니다.

　간단히 사주에 응용해 볼게요. 일간이 목인데 전반적으로 화 기운도 강하다면 이 사람은 어떤 사람일까요? 새로운 것에 관심이 많죠. 목은 손을 드는 거니까 새로운 것에 관심이 많고, 화 기운이 전반적으로 많으니, 관심 가는 것에 대해 표현도 잘합니다.

화생토

　화생토는 자연의 흐름으로 보면 여름에서 간절기(여름과 가을의 사이)로 넘어가는 시기입니다. 물상으로 보면 타오르던 불이 꺼지고 난 다음 남은 재들과 함께 본연의 모습을 드러낸 땅을 떠올리면 됩니다. 토의 핵심은 '중재'예요. 수평적으로 확장해 안정을 이루는 겁니다. 어떻게 해야 우리는 이런 단계에 이를 수 있을까요? 열정을 쏟은 다음에야 비로소 마음의 안정을 찾고 여유도 갖게 될 것입니다. 주변을 돌아보면서 다른 사람들을 품게 되고요.

　화생토는 직장 생활을 예로 들면 더 쉽게 이해할 수 있습니다. 40~50대가 되면 부장이나 팀장 등의 직책을 맡습니다. 이들은 한 업무에만 집중하지 않죠. 팀원들 관리도 해야 하니까요. 팀원들 고충도 들어주고, 너무 혼자 앞서가는 팀원이 있으면 늦추게 조언도 하고, 좀 뒤처진 팀원이 있으면 돕기도 합니다. 이런 막중한 일을 잘 해내려면 전체를 둘러볼 수 있는 눈이 필요하죠. 이런 눈은 그냥 생기지 않고 20~30대 때의 경험이 쌓여 생길 겁니다. 열정적으로 몰두한 결과 전체를 조망할 수 있는 시야를 얻는 거죠.

토생금

간절기는 왜 존재할까요? 가을을 낳기 위해서입니다. 물상으로는 넓게 펴져 있는 땅이 드디어 서서히 에너지를 모아 가는 형국이지요. 모아 가서 굳건하게 하나의 목소리를 내는 것, 즉 땅이 응집해서 그 안에서 어떤 암반을 형성하는 것을 토생금의 물상, 토생금의 자연물로 이해할 수 있습니다.

저는 토생금을 이렇게 이해합니다. 내가 나를 증명하려면 어떻게 해야 할까, 나는 누구라고 할 수 있으려면 어떻게 해야 할까? 내가 딛고 서 있는 삶의 기반이 탄탄해야 한다, 그랬을 때 고유한 힘인 개성을 뽐낼 수 있고 자기주장도 할 수 있다고요. 안정을 다진 후에 '나는 이렇게 생각해', '아니, 나는 굽히지 않을 거야', '난 나만의 방식이 있어', '그것 말고 다른 것은 보지 않을 거야' 하고 주장하는 것이 금의 목소리거든요. 이런 목소리는 무엇을 바탕으로 생길까요? 토의 안정성입니다. 이 위에서 고요한 힘 혹은 자신을 내세울 수 있는 주체적인 힘이 생긴다고 생각합니다.

이번엔 사주에 응용해 볼게요. 일간이 금인데 주변에 토가 있다면 토생금의 작용이 일어납니다. 이 사람은 안정된 기반 위에서 자신의 고유한 힘을 탄탄하게 형성하고 있는 사람이죠. 우직하게 흔들림 없이 자신을 증명해 낼 수 있는 겁니다.

금생수

드디어 가을이 됐습니다. 가을은 어디로 연결되죠? 겨울이죠. 가을의 서리가 겨울의 눈이 됩니다. 가을 아침에 문 열고 나갔을 때의 스산한 기운이 코를 에는 듯한 겨울의 찬바람으로 연결되는 것입니다. 물상으로는 암반수가 솟아나는 것으로 이해할 수 있겠습니다. 이를 통해 의미를 확장해 갑니다. 겨울의 핵심, 오행 수의 핵심은 뭘까요? 휴식, 자는 것, 아무것도 하지 않는 거예요. 에너지를 응축하는 것이 수의 핵심입니다. 그럼 휴식하기 위해 혹은 여유를 갖기 위해 무엇이 필요할까요? 주체성, 나만의 고유한 영역을 탄탄히 형성했을 때에야 가능할 겁니다. 이런 흐름은 금생수의 작용이라고 볼 수 있습니다.

수생목

드디어 모든 것이 끝났다고 생각했는데 사실 그 끝은 뭐지요? 시작입니다. 끝이 시작으로 연결되는 거예요. 겨울이 봄이 되는 겁니다. 죽은 듯 보였던 돌 같은 씨앗에서 싹이 트고 그 싹은 만물로 연결되죠. 끝이 시작으로 연결되는 것, 죽음이 삶을 이끌어 내는 것이 수생목의 작용이에요.

수생목 혹은 오행 목을 생각할 때면 영화 〈매드맥스: 분노의 도로〉의 한 장면이 떠오릅니다. 이 영화는 핵전쟁 때문에 황폐해진 지구에서 사람들이 생존하기 위해 투쟁하는 내용인데요, 전투 중에 한 할머니가 죽습니다. 죽음을 눈앞에 둔 할머니는 젊은 여성 전사에게 작은 주머니를 건넵니다. 그 안에는 무엇이 들어 있을까요? 씨앗입니다! 씨앗은 무엇을 상징할까요? 평화로운 지구, 새로운 희망을 상징합니다. 죽어 가는 할머니가 젊은 여성에게 씨앗을 건네준다는 점에서 저는 수생목의 작용을 떠올렸습니다.

물상으로 보면 더 간단합니다. 물을 양분 삼아 자라나는 나무니까요. 여기서 의미를 확장해 보면, 도전하려면 끝나야 한다는 거예요. 명리의 재미있는 이치를 보여 주는 예죠. 새롭게 도전하려면 한 번은 죽어야 한다는 거예요. 잠깐 종교 얘기를 하면, 예수님이 더 거룩해질 수 있었던 이유는 무엇일까요? 죽음을 극복함으로써 신성을 증명했기 때문이죠. 더욱더 거룩한 성인이 된 거잖아요. 이처럼 새롭게 출발하기 위해서는, 새로운 도전을 하기 위해서는 끝이 나야 합니다.

  모든 것이 사라졌을 때 너무 슬프고 우울하지만, 한편으로는 고요한 평화의 감정도 느낍니다. 다들 사랑했던 사람과 헤어진 경험이 있을 겁니다. 모든 것에 흥미를 잃고 아무도 만나기 싫고 일도 손에 안 잡히죠. 우울하고 자꾸만 마음이 가라앉습니다. 그런데 한편으로는 아주 차분해지면서 고요해지죠. 상실의 시간이 오행 수의 감정이라면, 식물로 비유했을 때는 잎이 다 떨어진 상태죠. 모두 떠나간 겁니다. 열매도 떨어지고, 잎도 지고, 새들도 떠나가고, 나뭇가지만 외롭게 남아 있죠. 그런데 오히려 이런 상황에서 고요한 평화를 느낄 수 있고, 그런 고요한 평화는 뭔가를 가져오죠. 상실에서 비롯한 고요한 평화가 새로운 도전을 이끌어 내는 것이 수생목의 작용이라고 볼 수 있겠습니다. 여기서 상실은 '마무리'로도 볼 수 있습니다. 다시 출발하려면 마무리를 지어야 한다, 이것이 수생목의 의미입니다.

생의 완성과 순환

생의 완성과 순환에 대해 살펴보겠습니다.

목 → 화 → 토 → 금 → 수에서 이 연결은 너무나 자연스러운 자연의 순환, 지구의 운행을 그대로 따온 것입니다. 생의 이론이 먼저 있고 지구의 운행이 있는 것이 아니라 지구의 운행을 관찰해서 규칙성을 도출해 내고, 그 규칙성을 생이라는 개념으로 정리한 것이죠. 중요한 건 이 오행 생의 작용이 '연결'을 의미한다는 것입니다. 에너지가 순환 혹은 전환, 연결, 진행, 이동하는 것이 오행 생의 완성과 순환의 의미예요. 목생화 → 화생토 이렇게 쭉 연결되면 오른쪽 도표처럼 하나의 아름다운 원이 그려집니다.

결국 이 원은, 내가 어디로 나아갈지를 알려 주는 대전제라고 할 수 있습니다. 어디로 나아가야 할까요? 앞으로 나아가야죠. 일간이 목이라면 화라고 말해 줄 수 있는 것이죠. 인간이 나아가야 할 방향의 대전제는 생의 전진 방향입니다. 그것이 지구의

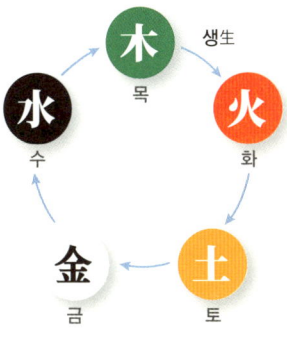

오행의 생하는 관계

운행 규칙이자 자연의 원칙이기 때문이죠. 목이 화가 되고 화가 토가 되는 것입니다. 오행 목의 삶은 화 → 토로 이어지는 것이 우주의 목소리라고 할 수 있습니다.

생의 방향으로 살아가는 것, 그것이 가장 자연스러운 작용일 것입니다. 나중에 십신이라는 개념을 배워요. 비겁, 식상, 재성, 관성, 인성이라는 개념인데요. 그런 개념을 배우고 나면 생의 전진 방향이라는 것이 무엇인지 깊이 이해하게 될 겁니다. 결국 인간은 나 즉 비겁으로 태어나서 식상부터 시작합니다. 식상적인 활동은 재성으로 연결되고, 재성은 자연스럽게 관성으로 연결되고, 관성은 인성으로 연결됩니다. 인성의 과정을 통해 하나의 사이클이 끝나면서 나 자신(비겁)으로 돌아오지요. 그리고 다시 출발하는 겁니다. 식상으로요. 이런 생의 흐름에 사회 활동, 인간 삶의 주기도 대입해 볼 수 있습니다.

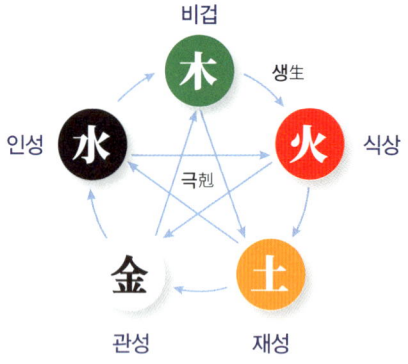

일간이 목일 때의 십신

비겁	일간과 같은 오행의 관계
식상	일간이 생하는 관계
재성	일간이 극하는 관계
관성	일간을 극하는 관계
인성	일간을 생하는 관계

극

 생을 봤으니, 이제 극剋을 볼게요. 저는 사주를 보는 일관된 관점 즉 관법이 있는데요, 극을 아주 중요시한다는 겁니다. 저 자신을 '천간'주의자, '극'주의자라고 하는 이유입니다. 이 극이 무엇인지, 왜 제가 중요시하는지 천천히 말씀드릴게요.

 잠깐 다른 말씀을 드리면, 수강 문의하는 분들 중에 입문반은 건너뛰고 중급반부터 합류하고 싶다는 분들이 더러 있습니다. 명리를 몇 년 넘게 공부했다, 알 만큼 안다, 친구들 사이에서는 이미 도사다, 몰라서 강의 들으려는 게 아니라 그냥 조금이라도 건질 게 있나 싶어 들어 보는 거다 등 여러 이유를 말씀하십니다. 저는 안 된다고 합니다. 입문부터 들으셔야 한다고 말씀드리죠. 왜냐면 명리를 가르치는 사람마다 정의하는 생이 다르고, 극이 다르기 때문입니다. 천간, 오행의 정의도 달라요. 기초부터 아주 다릅니다. 사람마다 생을 보는 관점, 극을 보는 관점, 천간 갑목을 보는 관점이 다 달라요. 그래서 제 수업을 들으려는 분들은 입문반부터 시작해야 됩니다. 제가 생을 어떻게 이해하고 있는지, 극을 어떻게 이해하고 있는지를 알아야, 제가 사주를 어떻게 푸는지까지 연결할 수 있으니까요.

극은 '부수는 관계'

이제 극에 대해 설명드리겠습니다. 음양이 대립과 조화의 관계를 이루는 것처럼 오행 역시 대립과 조화의 관계를 이루고 있습니다. 다만 저는 여기서 대립 관계를 '부수는 관계'로 정의하려고 합니다. 일부러 대립이라는 용어를 뺐습니다. 저는 극을 '부수는 관계', '죽이는 관계'라고 생각하기 때문입니다. 극의 특성도 4가지로 정리할 수 있습니다.

(가) 극은 봄에 가을 날씨가 들이닥친 것처럼 부자연스러운 힘이다.
(나) 극은 하나의 오행이 다른 오행을 파괴하는 것이다(에너지의 충돌).
(다) 극은 인위적이고 치열하고 격렬한 활동이다.
(라) 극은 내면에 숨겨진 강한 욕망이다.

먼저, 극은 봄에 가을 날씨가 들이닥친 것처럼 무척 부자연스러운 작용이에요(가). 생은 아주 자연스러운 거잖아요. 봄이

극의 특성

여름이 되고 여름이 간절기를 거쳐 가을이 되는 건데, 극은 너무 부자연스러운 현상이라는 겁니다. 4월 중순에 느닷없이 영하 3도로 내려간다면 어떨까요? 뭔가 조화와 질서가 깨졌다는 느낌이 들죠. 이것이 극입니다. 자연스러운 조화와 질서를 깨는 것이죠. 봄날의 서리처럼 말입니다.

또한 극은 하나의 오행이 다른 오행을 파괴하는 겁니다(나). 죽이는 겁니다. 그림처럼 위의 삼각형이 아래의 삼각형을 박살 내는 것이죠. 극은 죽이는 거예요. 다음 날 벚꽃 나들이를 하려고 설레며 잠자리에 들었는데 밤새 서리가 내렸다면 마음이 어떨까요? 크게 실망하고 상처를 입죠. 그리고 벚꽃들은 어떻게 되나요? 다 져 버립니다. 이것이 '죽이는 것'입니다. 파괴하는 겁니다.

　(다) 극을 보겠습니다. 생은 자연스럽고 모두 행복한 순환이라면, 극은 인위적인 겁니다. 치열하고 격렬한 활동입니다. 오행 수는 목을 만나면 어떤 목소리를 내나요? "널 도와줄게. 내가 가진 걸 모두 너에게 줄게"라고 합니다. 아름답죠. 에너지를 넘겨주는 거니까요. 이런 수가 화를 만나면 전혀 다른 목소리를 냅니다. 표정이 싹 바뀝니다. 천사였다 악마로 바뀌는 것처럼 말입니다. "널 죽일 거야. 널 집어삼킬 거야. 널 반드시 꺼뜨리고야 말겠어!" 이런 목소리를 내는 겁니다. 이런 상황에서 화는 어떤 입장일까요? 공포에 바들바들 떨겠죠. 제발 살려 달라고 외칠 테고요. 오행은 생과 극을 하는데 생은 살리는 거고, 극은 죽이는 거죠. 여기서 기억할 점은 생에 비해 극은 일방적인 작용이란 겁니다.

　(라) 극을 보겠습니다. 생은 맹목적인 자연스러운 활동이잖아요. 극은 겉으로 드러나지 않는 숨겨져 있는 욕망으로 이해하면 됩니다. 수에게 극을 당하면서 화가 투덜거립니다. "야, 이건 자연의 섭리가 아니잖아. 왜 나를 죽이는 건데? 야, 아파, 힘들다고! 이건 정말 자연스럽지 않은 행동이야. 여름인데 서리가 말이 되니? 너, 왜 이러는 거야?!" 당하는 화 입장에서는 이렇게 항변할 수밖에 없죠. 이때 수는 이렇게 답합니다. "미안하지만, 진짜 섭리는 이거야. 생이 아니라 극이 진짜 섭리라고!" 생과 극은 한 몸이고, 생의 이면, 생의 진짜 속살이 극입니다. 극에 대해서는 이후에 더 깊이 말씀드리겠습니다.

극의 종류

극의 물상 그리고 극이 신체에 어떤 작용을 하는지 살펴보겠습니다. 사주를 물상으로 풀이하는 분들도 있고, '물상 명리'라는 분야를 개척한 분들도 있습니다. 물상은 자연물이라는 말이고, 사주를 해석할 때 자연물의 이치로 풀어내는 것이 물상 명리겠죠. 저는 물상에 치우쳐 이해하는 것은 잘못된 방식이라고 생각합니다. 명리의 근원은 자연이 아니라 지구의 운행이니까요. 자연 현상은 아주 주관적이고, 임의적이란 사실을 명심하시면 좋겠습니다.

물상이 필요한 이유

그럼에도 물상을 이해하고, 잘 다루어야 합니다. 그 이유가 뭘까요? 사주를 혼자만 공부할 거라면 물상은 생각하지 않아도

	물상(자연물)	신체의 작용	확장된 의미
목 토	목극토: 나무가 땅의 양분을 빼앗는다.	소화 효소가 과다 분비돼 위에서 문제가 생긴다.	도전의 열망이 안정을 깬다.
화 금	화극금: 불이 금속을 녹인다.	고혈압이 폐암을 유발한다.	열정적으로 나를 표현해 주관을 잃는다.
토 수	토극수: 흙으로 제방을 쌓아 물을 막는다.	당뇨병이 인지장애를 유발한다.	안정이 창의성과 유연성을 빼앗는다.
금 목	금극목: 도끼로 나무를 벤다.	매운 음식이 췌장암 치료에 도움을 준다.	강한 주관이 도전을 방해한다.
수 화	수극화: 물을 부어 불을 끈다.	과도한 수면이 심혈관 질환을 유발한다.	느긋하게 여유를 부려 추진력을 잃는다.

극의 종류

오행의 극하는 관계

됩니다. 상관이 어떻고 용신이 어떻고 기신이 어떻고 하는 등의 명리 용어만 알면 되는 거죠. 그런데 명리를 공부하는 궁극적인 목적이 뭘까요. 타인과 대화하기 위해서입니다. 내가 만나는 대부분의 사람은 명리가 뭔지 모를 텐데 이런 사람들에게 빠른 시간 안에 그 사람의 사주를 설명해야 돼요. "《만세력》 펴 볼까요? 여기 있는 게 일간이라는 건데요, 이 일간이 계수잖아요. 계수라는 게 뭐냐면…" 이렇게 설명하는 순간 상대방과 멀어집니다. 대화가 차단돼요. 이건 상담이 아니라 '가르치는' 거니까요. 상담할 때 물상을 활용하는 이유죠. 쉽게 설명하기 위해 자연물을 활용하는 겁니다. 명리 상담가 머릿속엔 당연히 원리와 이론이 들어 있어야 합니다. 다만 설명할 때는 물상을 활용하면 좋다는 것이죠.

목극토

극의 종류도 5가지인데요, 하나씩 물상에 비유해 설명해 볼게요.

먼저, 목극토입니다. 목이 토를 만나면 토를 극한다는 거예요. 왼쪽 〈오행의 극하는 관계〉 도표를 보면 알 수 있듯이 화살표가 목에서 토로 가 있어요. 나무가 너무 많아 땅이 양분을 빼앗기는 형국입니다. 좁은 땅에 나무 30그루가 있다고 상상해 보세요.

신체에는 어떻게 드러나는지 보겠습니다. 목은 신맛, 췌장(췌장에서 분비되는 소화액), 쓸개, 척추, 소근육, 간에 해당합니다. 간을 을목으로 분류하는 분들도 있고 췌장이나 쓸개를 갑목으로 분류하는 분들도 있는데, 저는 그렇게 디테일하게 보지 않습니다. 실제 상담 현장에서는 구분되어서 드러나지 않기 때문입니다. 목이라면 소화에 작용하는 오행입니다. 소화 효소를 분비하는 게 목이죠. 그럼 목극토는 무엇일까요? 목이 너무 과해 토가 기능을 잃어버리는 거예요. 신맛이 지나치게 많아서, 소화 효소가 지나치게 많이 분비돼서, 위에 문제가 생기는 것으로 이해할 수 있죠.

목극토 의미를 더 확장해 보겠습니다. 목은 도전하는 거죠. 새롭게 시도하는 거죠. 새로움을 찾아서 여행을 떠나는 거죠. 당연히 어떤 일이 생겨요? 도전하게 되면 안정이 깨집니다. 아이가 초등학교 고학년이 되면 여행을 가지 마라는 말이 있어요. 요즘 아이들은 학원 스케줄이 빡빡하잖아요. 학원 서너 개는 기본으로 다닙니다. 특히 방학이나 주말에는 학원 스케줄로 꽉 차 있어요. 여행을 간다, 새로움을 추구한다, 새로운 경험을 한다, 이런 거 무척 좋죠. 하지만 이런 것들은 무엇을 깨뜨립니까? 안정적인 학습 여건을 깨뜨리죠. 쉽게 말해, 여행 가려면 학원도 빠져야 하지, 여행 갔다 와서 다시 공부에 집중하기까지 시간도 걸리지, 그러니 가지 말라는 겁니다. 도전을 많이 하는 사람은 삶이 안정적이지 않습니다. 목극토는 목이 토의 안정을 깨는 것으로 이해할 수 있어요.

화극금

화극금을 보겠습니다. 물상으로 보면, 불이 금속을 녹이는 거예요. 용광로에 칼이나 도끼 같은 날카로운 금속을 넣으면 녹아 버리죠. 화극금은 화가 과도하면 금이 기능을 상실하는 거예요. 이를 신체에 대입해 보죠. 화가 과도해졌다는 건 무슨 말일까요? 화는 심혈관을 의미하니까, 심혈관의 밸런스가 안 맞는 것, 예를 들어 고혈압이 나타날 가능성이 크다는 말입니다. 또한 금은 무엇을 의미하죠? 폐, 대장을 의미합니다. 그렇다면 화가 강해서 고혈압 관련 질환을 앓는 분들은 화극금에 의해서 폐나 대장 기능이 약해질 수 있겠죠. 그래서 '고혈압과 폐암'으로 검색을 해 보았습니다.

놀랍게도 고혈압을 앓는 분들은 폐암 발병률이 높다는 연구 결과가 나옵니다. 여러분도 검색해 보면 금방 찾아보실 수 있습니다. 화가 강해지니 연달아 금도 무력해지는 겁니다. 정확하게 화극금의 원리로 신체에 드러난 것이죠. 원리를 알면 이런 결과까지 이끌어 낼 수 있습니다. 제가 통계적인 자료를 수집했나요? 병원 돌아다니면서 물어봤나요? 안 했죠. 그런데도 이런 결과를 유추해 냈습니다. 이게 명리의 힘입니다. 원리를 알고 있으면 단시간에 결과를 유추해 낼 수 있다는 거죠.

화극금의 의미를 확장해 보겠습니다. 화는 자신을 아낌없이 드러내고 표현합니다. 특히 일간이 병화, 일지가 오화로 화가 강한 분들은 "네 얘기 좀 해 볼래?" 하면 자신의 모든 것을 다 쏟아 냅니다. 심장까지 꺼내 보여 준다고 할 정도죠. 화의 전형적인 모습입니다. 그런데 드러내 보이는 것을 즐기는 사람은 오행 금에 해당하는 주관, 고유성, 주체성, 강인함을 잃게 되는 단점도 갖고 있습니다. 쉴 새 없이 드러내 버리니 자신만의 중심과 주체성, 알맹이를 갖기가 어려운 거죠. 화가 강한 분이 있다면 이렇게 말하는 거예요. "표현력이 좋고 열정과 추진력이 있는 반면, 주관이 좀 약할 수 있겠네요." 화에 의해 금의 강인한 주체성이 무력해지기 때문이죠.

토극수

이번엔 토극수입니다. 토극수는 물상으로 보면 더 잘 이해돼요. 흙으로 제방을 쌓아서 물을 막는 것을 생각하면 됩니다. 토극수는 신체에 어떻게 작용하는지 살펴볼게요. 토가 지나치게 많으면, 단맛이 오행 토와 관련 있으니, 당뇨병을 떠올릴 수 있어요. 그리고 수는 정신적인 작용이죠. '당뇨병과 치매'로 검색해 보겠습니다. 바로 많은 자료가 나옵니다. 당뇨병과 치매(인지장애)의 상관관계에 대해 말이죠. 과학자, 의사들은 당뇨병이 인지장애를 유발하는 주요한 인자라는 사실을 밝혀내고 있습니다.[11]

토극수의 의미를 확장해 보겠습니다. 토는 뭐죠? 안정을 추구합니다. 뭔가를 지키는 거죠. 떠나지 않는 겁니다. 일상을 반복하는 거고요. 자기 일상을 탄탄하게 안정적으로 지키는 힘이 너무 강하면 오행 수에 해당하는 유연성, 창의성, 독창성을 발휘하기가 어렵습니다. 여유가 안 생긴다는 거예요.

수는 낯선 감정이기도 해요. 낯선 것에 대한 불안과 공포도 포함됩니다. 저는 외국에 가면 이런 감정을 많이 느껴요. 가족들과 함께 편안하고 좋은 숙소에서 자는데도 낯설어 불안합니다. 낯선 공간이 불러일으키는 불안감과 공포가 수의 감정입니다. 하지만 이런 낯선 감정에서 우리는 독창적이고 창의적인 생각을 길어 올릴 수 있어요. 그것이 수의 독특한 특성이죠. 여행을 떠나지 않고 집에만 있는 안정적인 상황에서는, 낯선 감정을 느끼지 못하고 창의성과 유연성도 생기지 않는다고 볼 수 있습니다. 토극수의 작용이죠.

금극목

금극목은 물상으로 보면 아주 재미있습니다. 도끼로 나무를 베는 활동이거든요. 금극목이 신체에는 어떻게 작용하는지 알아보겠습니다. 금은 매운맛이죠. 목은 간과 췌장입니다. 매운 음식과 간, 췌장의 상관관계를 찾아봤습니다. 매운 음식과 췌장의 관계에서 특히 인과관계가 명확히 드러났습니다. 고추 같은 매운 음식에 다량 함유돼 있는 것이 캡사이신인데, 많은 논문과 연구 자료가 캡사이신과 췌장의 관계를 규명하고 있습니다. 췌장암에 캡사이신이 큰 도움이 된다는 것이죠.[12] 과다해진 목의 부정성을 제어하는 금극목의 작용으로 이해할 수 있습니다.

금극목의 의미를 확장해 보겠습니다. 금은 내리막길로 가는 기운인데, 내려가기 위해 정리하고 덜어 내고 잘라 내는 겁니다. 주변을 정리하는 거죠. 나라는 주체를 세우기 위해 칼로 주변을 다 잘라 버리는 겁니다. 정리하고 잘라 버리고 본체만 딱 남겨 놓는 겁니다. 이 본체가 굳건하고 아름답게 빛나는 것이 금의 작용입니다. 뭔가 새로운 것이 올라오면 잘라 버리고, 거추장스러운 것도 잘라 버립니다. 왜? 그래야 자신을 오롯이 지킬 수 있으니까요. 그래야 보석으로서 아름답게 빛나고, 도끼로서 날카롭게 자신의 기세를 자랑할 수 있는 겁니다.

오행 목은 새로운 생각에 해당하는데, 새로운 생각이 떠오르면 어떻게 될까요? 금이 잘라 버립니다. 강한 주관을 유지하기 위해 도전하지 않는 거죠. 도전을 시도하지 않는 거죠. 자신을 지키기 위해 어설픈 도전 자체를 차단하는 겁니다. 새로움을 추구하지 않는 것은 금극목의 작용으로 볼 수 있습니다.

수극화

수극화는 물상으로 보면, 물을 부어 불을 끄는 겁니다. 너무 잘 이해되죠? 이래서 생은 계절의 순환으로 이해하는 것이 좋고, 극은 계절의 순환보다는 물상으로 이해하는 것이 더 편합니다.

  수극화가 신체에는 어떻게 작용하는지 알아볼게요. 수는 잠과 관련이 깊은데 잠을 지나치게 많이 자면 화에 해당하는 심혈관 질환에 걸릴 수 있습니다. 이 얘기는 앞에서도 했죠.

  수극화의 의미를 확장해 볼게요. 앞서 말했듯이 화는 자신을 표현하는 겁니다. 수는 '죽는 것'입니다. 표현하지 않는 거죠. 특히 수의 천간인 임수나 계수의 특징이 자신의 감정을 드러내지 않는 거예요. 파악하기 어렵게 만드는 겁니다. 자신을 숨기는 힘, 죽는 것, 웅크리는 것, 여유를 가지는 것, 소멸에 따른 고요한 여유가 수의 본질이죠. 수극화는 이런 수가 지나치게 많아 화 특유의 표현력과 추진력이 상실되는 것입니다.

  지금까지 각 극의 물상, 신체 작용, 확장된 의미를 살펴봤습니다.

극의 완성과 순환

극의 완성과 순환에 대해 알아보겠습니다.

생만 순환하는 게 아닙니다. 극도 순환합니다. '생은 좋은 거야. 왜? 순환하니까. 극은 나쁜 거지. 왜? 순환을 안 하니까.' 이런 시각은 버려야 합니다. 생은 생의 방식으로 순환하고, 극은 극의 방식으로 꼬리에 꼬리를 물고 연결됩니다. 극의 연결은 자연스러운 연결이 아닌 것처럼 보이지만, 극의 연결은 생이 잘 순환할 수 있도록 생의 순환 내면에서 작용하는 힘이라고 보면 될 것입니다. 겉으로는 드러나지 않지만 생의 순환 내면에서 끊임없이 에너지 간에 대립, 갈등하고 에너지를 소모, 파괴하게 함으로써 생이 잘 순환하게 하는 것입니다.

생의 화살표는 원을 그리면서 순환합니다. 극의 화살표도 순환합니다. 극만의 방식으로 말이지요. 가로질러 연결되면서 끊임없이 순환해요. 우리가 나아가야 할 방향은 생의 전진 방향입니다. 목생화, 화생토의 방향인데, 이 내면에서 이 순환을 추동

오행의 생극

생의 특성	극의 특성
안정	변화
맹목적	주체적
채우고	부수고
주고받고	때리고, 맞고
평화	전쟁
사랑	갈등
등속도	가속도
단순함	의도적
가족, 친구	사회, 직장
믿음, 신뢰	계약, 강제
부모, 자식	배우자

하는 힘은 바로 극에서 나오는 겁니다. 저는 생의 이면에는 사실 극이 작용하고 있고, 극을 통해 생이 겉으로 드러나는 것이라고 봅니다. 극이 뼈대고, 여기에 생이 살로 붙어 있는 것이죠.

부모와 자식은 생의 관계

〈오행의 생극〉 도표를 보면, 생과 극의 조화는 결국 태극의 조화로 볼 수 있고, 음과 양의 조화로도 볼 수 있습니다.

생과 극의 특성을 표로도 정리해 봤습니다. 생은 안정입니다. 하지만 안정만으로는 행복하지 않습니다. 천억 원을 가지면 행복할까요? 막상 부자가 되면 너무 인생이 심심할 것 같습니다. 변화가 없으니까요. 극을 통한 변화가 같이 있어 줘야 삶이 생동합니다. 이처럼 안정과 변화의 주고받음이 태극의 원리이고, 생극의 주고받음이 진정한 행복이며, 이것이 진짜 삶이고 우주라고 할 수 있습니다.

안정과 변화를 다르게 표현할 수 있죠. 생은 맹목적입니다. 그냥 주고받는 거죠. 반면 극은 상당히 주체적인 활동입니다. 생은 채우는 것이고, 극은 부수는 겁니다. 생은 주고받는 겁니다. '너도 좋고 나도 좋아.' 반면 극은 때리고, 맞는 겁니다. 생이 평화라면, 극은 전쟁입니다. 생이 사랑이라면, 극은 갈등입니다. 생은 안정적인 등속도로 쭉 이동한다면, 극은 내가 취하기 위해 한 번에 순식간에 이동하는 겁니다. 가속도예요. 생이 단순하다면, 극은 의도적입니다.

생의 관계는 가족, 친구와의 관계죠. 극은 사회, 직장에서 맺는 관계입니다. 생은 무엇을 기반으로 삼습니까? 믿음과 신뢰입니다. 왜? 계약서를 쓰지 않아도 주고받는 것이 가족이고 친구니까요. 반면 극은 계약이자 강제 관계입니다.

부부는 극의 관계

생은 부모와 자식 관계로 볼 수 있고, 극은 배우자 관계를 의미합니다. 이 항목은 깊이 들여다볼 필요가 있습니다. 명리에서 남녀 관계는 십신의 관점에서 보면, 재성과 관성의 관계예요. 재성은 일간이 극하는 관계고, 관성은 일간을 극하는 관계니, 요약하면 남녀 관계는 극의 관계죠. 부부는 기본적으로 대립과 갈등, 계약과 사회적인 관계로 맺어져 있다는 겁니다. 연애할 때는 모든 것을 아낌없이 주고받기 때문에 생의 관계로 착각할 뿐이죠. 결혼하는 순간 치열하게 싸우게 되는 것도 상대방이 부모처럼 다 해 줄 거라 기대해서입니다. 하지만 배우자와 나의 관계를 극의 관계로 이해한다면, 서로 적절한 거리를 둘 수 있어요. 온몸을 던져 사랑하는 연인, 부부 사이가 극의 관계라는 사실을 보더라도 모든 관계에는 음양의 이치가 담겨 있음을 알 수 있습니다. 음양은 생극의 이중적인 작용을 통해 마침내 하나로 이룩됩니다.

왜 사행이 아니라
오행일까

여기서는 사행과 오행에 대해 말씀드리겠습니다.

일 년이 사계절이라고 하잖아요. '일 년을 4개로 쪼개면, 봄은 나무고, 여름은 불이고, 가을은 쇠고, 겨울은 물이다. 봄은 나무가 성장하는 거고, 여름은 불이 왕성한 거고, 가을은 칼이 정리하는 거고, 겨울은 물이고 휴식을 하는 때다.' 이렇게 정리하곤 합니다.

여기서 난관에 봉착합니다. 생의 관점으로 보면, 봄이 여름으로 연결돼요. 목생화가 이루어지죠. 가을이 겨울로 연결되고요. 일 년을 4개로 보면 이런 생의 작용은 어느 정도 설명이 됩니다. 극의 관점으로 보면 봄과 가을, 즉 나무와 쇠는 대립합니다. 여름과 겨울, 즉 불과 물도 대립합니다. 생과 극 어느 관점으로 보나 짝이 잘 맞죠.

그런데 문제가 생깁니다. 여름에서 가을로 자연스러운 이동이 설명이 안 된다는 거죠. 화생금 들어 보셨나요? 이런 건 없습

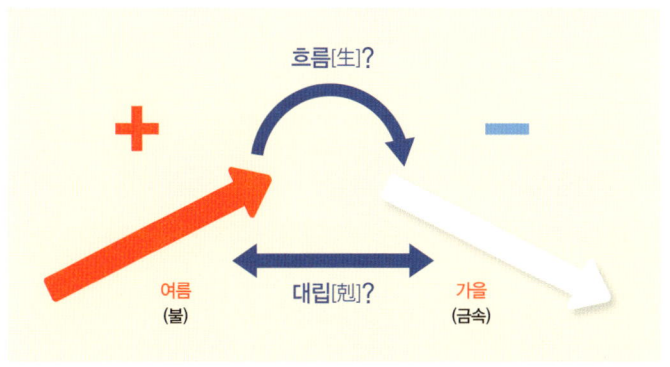

니다. 사행으로 우주의 기운을 설명하면 이런 난관에 부딪치죠.

여름에서 가을로의 변화는 아주 중요합니다. 생의 관점에서 보면, 양이 음으로 바뀌는 전환점이기 때문이죠. 가을이 오는 것이 자연 현상으로는 설명이 되지만, 사행의 관점을 도입하면 설명하기 곤란해집니다. 여름은 불의 계절인데, 갑자기 여름이 냉정한 금(금속, 쇠)으로 연결된다는 것이 어딘지 어색하고 이치에 맞지 않거든요. 오히려 여름이 가을을 극하는 것, 그러니까 불에 금속이 녹는 것이 이치에 맞죠. 그래서 여름에서 가을로 넘어가는 지구의 운행과 자연의 흐름을 사행의 이론에서는 애매한 개념을 만들어 극복했습니다. 그 개념이 금화교역金火交易입니다.

금화교역은 금과 화가 즉 가을과 여름, 쇠와 불이 서로 연결되어 교류한다는 의미입니다. '애매한' 고백으로 볼 수 있어요. 이런 고백이죠. '여름에서 가을로 넘어가는 것은 설명하기가 어려워. 그러니 우주의 대변화가 일어나는 것, 엄청 격렬한 작용이 일어나는 것으로 이해하자.' 그냥 넘어가기는 그러니, 여기에 의미를 부여합니다. 금화교역은 양에서 음으로 넘어가는 아주 큰 변화이기에 많은 고통과 인내가 따르고 노력이 필요하다는 겁니다. 이처럼 사행으로 우주의 기운을 관찰하면 이런 어색한 개념을 도입해야 합니다. 왜? 설명하기 어려우니까요.

사행의 문제

지구의 운행을 사행으로 이해하면 안 된다는 사실을 발견한 사람들이 있습니다. 전국시대에 활동했던 음양가라는 학파죠. 이들은 봄, 여름, 가을, 겨울 짝수의 체계로 지구의 운행을 이해하면 안 된다고 주장합니다. 인간의 감각으로는 일 년이 4개로 구분되지만, 실제로는 5개라는 사실을 알아내죠. 우주와 지구의 운행은 2, 4 같은 짝수로 파악할 수 있는 것이 아니라 5개 즉 오행으로 파악해야 한다는 점을 밝혀냅니다. 《주역》은 사행으로 세상을 파악하지만, 명리학은 오행으로 파악합니다. 이 점이 둘의 결정적인 차이죠. 음양가 학파는 여름에서 가을로 전환하는 과정을 이해하기 위해 오행 토의 개념을 도입합니다. 토를 도입함으로써 마침내 아름다운 오행의 상생상극 도표가 완성된 겁니다.

금화교역이 궁금해 여러 번 검색을 해 봤습니다. 금화교역 이론을 강조하는 분들은 결국 어떤 식으로 말씀하시냐면 막연하게 철학적으로 심오한 이치가 있다고 해요. 여름에서 가을로 넘어가는 시기니, 엄청난 고통을 겪고 인내와 노력도 필요하다는 식으로 의미를 부여하고요. 저는 이분들이 이 점을 보지 못하고 있다고 생각해요. 어떤 점이냐면, 금화교역을 강조할수록, 철학적으로 심오한 이치가 있는 것처럼 이야기할수록, 짝수로는 자연의 변화를 표현하기 어렵다는 것을 스스로 실토하는 격이란 사실을요. 오행의 체계를 쓰면, 오행 토를 넣어 간절기라는 개념을 도입하면, 아주 쉽게 지구의 운행과 자연의 변화를 논리적으로 설명할 수 있는데 말입니다.

천간

　지구의 자전 속도, 공전 속도는 일정합니다. 한국이나 중국 같은 특정한 지역을 기준으로 삼으면 태양의 고도와 각도도 일정하게 변해요. 중요한 건 이 변화가 몇천 년 동안 일정하게 반복된다는 겁니다. 변하는 것이 반복되면 뭐가 생겨요? 리듬이 생깁니다. 규칙성이 생깁니다. 그래서 선조들은 그 리듬을 분석했습니다.

　먼저, 그 리듬은 2개로 나눠 이해할 수 있습니다. 봄에서 여름으로 가면 태양 에너지의 양이 많아지고, 가을에서 겨울로 가면 태양 에너지의 양이 적어진다는 것이죠.

　리듬을 5개로 나누면 올라가고, 폭발하고, 중재하고, 하강하고, 숨어듭니다. 다시 올라가고, 폭발하고, 중재하고, 하강하고, 숨어듭니다. 이것을 또 어떻게 세분했습니까? '올라가는 것' 하나만 해도 이중 과정을 거칩니다. 모든 것을 둘로 나눌 수 있는 거죠. 이 둘의 조화와 대립을 통해 하나의 기운이 형성된다는

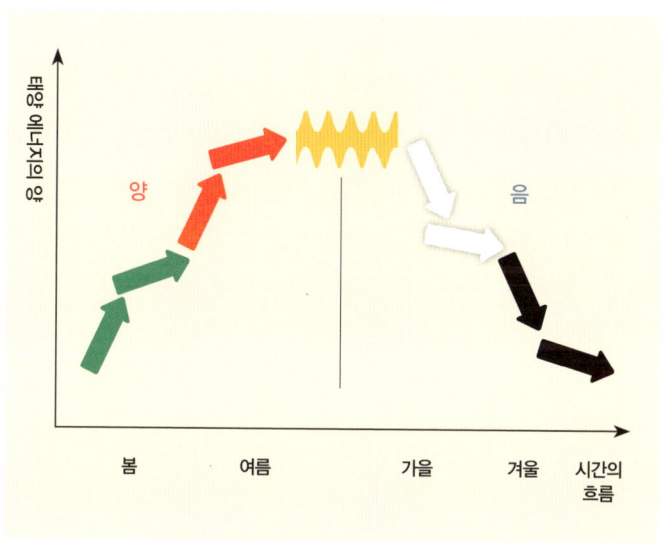

5개로 세분한 규칙성

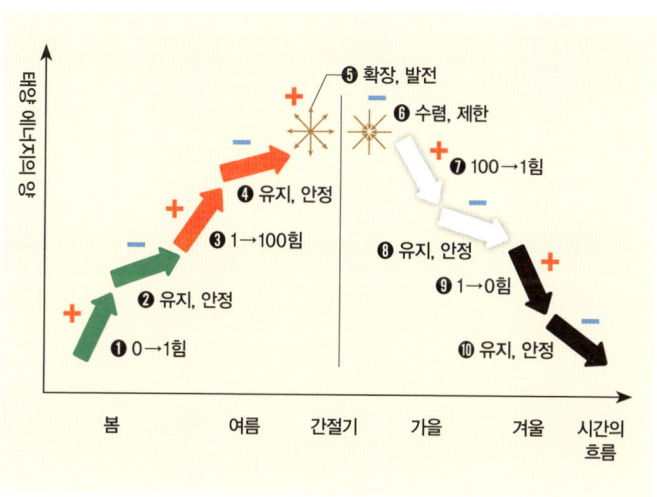

오행을 음양으로 나눈 천간

겁니다. 가령 봄은 오행 목으로 관찰할 수 있는데, 목을 두 개로 쪼갤 수 있어요. 갑목과 을목으로 말이죠. 이 둘은 각기 다른 역할을 합니다. 갑목은 양, 을목은 음의 역할이죠. 화 역시 병화와 정화, 토 역시 무토와 기토, 금 역시 경금과 신금, 수 역시 임수와 계수로 쪼갤 수 있어요.

    이처럼 오행을 음양으로 나누어 놓은 것을 천간天干이라고 합니다. 이제 천간 10개를 하나씩 살펴볼게요.

갑목과 을목

앞의 천간 도표에서 (1)번은 갑목입니다. 갑목은 0에서 1을 만드는 힘이에요. 계수의 역할은 뭡니까? 모든 것을 다 죽여 사라지게 만드는 겁니다. 0으로 만들어서 꽁꽁 싸매 버리는 것이 계수예요. 그럼 갑목은 어떤 역할을 합니까? 0을 1로 만듭니다.

저는 갑목을 이렇게 봅니다. 음을 양으로 바꾸는 힘, 엄청난 생명의 힘이라고 생각해요. 10개 천간 모두 중요하고 각자 고유한 본질을 갖고 있어 사랑스럽지만, 갑목은 특히 사랑해야 된다고 생각합니다. 맨 앞에 서서 무를 유로 만드는 기운이기 때문이죠. 비유하자면 우주를 창조한 빅뱅의 힘으로도 이해할 수 있고, 창조의 어머니로도 볼 수 있습니다.

또한 갑목은 도전하는 힘, 참지 못하고 솟아오르는 변화의 힘입니다. 예를 들면 강당에 학생 300명이 어떤 억압적인 환경 아래서 모여 있어요. 호랑이 선생님이 계속 압박하고 불공정한 것을 강요하는 상황입니다. 다들 불만이 있지만 무서우니까 누

```
          • 0→1
          • 추동하는 힘
          • 음을 양으로 바꾸는 힘→엄청난 생명의 힘
 0→1힘    • 무에서 유를 창조하는 힘
          • 빅뱅의 힘
          • 창조의 어머니

기호: 갑甲   이름: 갑목   오행: 목木   물상: 나무
본질: +   성격, 역할: +
생성의 방향성   가속화, 추진
```

❶ 갑목

구도 항의하지 못합니다. 그때 손을 들고는 "선생님, 지금 뭐 하시는 건가요? 이건 아닌 것 같습니다!"고 정적을 깨며 말할 수 있는 사람이 갑목입니다. 이처럼 갑목은 '변화'를 만들어 냅니다. 반면 고난을 겪을 확률이 높죠. 0을 1로 만드는 건 지구 중력을 벗어나 우주로 나아가는 우주선을 생각해 보면 됩니다. 적당한 추진력으로는 지구 중력을 벗어나기가 쉽지 않습니다. 아주 강한 힘을 한데 모아 쭉 밀어올렸을 때 우주선은 비로소 지구 중력을 벗어나 우주로 나아갈 수 있습니다.

0에서 1로 나아가려면 문을 어떻게 해야 할까요? 박차야 합니다. 그래서 갑목은 추동하는 힘이기도 합니다. '뒤돌아보지 말고 일단 저 문밖에 뭐가 있는지 보자. 내가 튕겨져 나가더라도 한번 세게 차 보자.' 이런 힘인 거죠.

	• 0→1
유지, 안정	• 유지하는 힘
	• 갑목의 힘을 다지고, 유지하는 힘
	• 갑목의 힘에서 역동성과 야생성을 빼고, 항상성과 안정성을 더한 힘

기호: 을乙   이름: 을목   오행: 목木   물상: 풀, 꽃
본질: +   성격, 역할: -
생성의 방향성   안정화, 유지

❷ 을목

새로운 오행, 새로운 기운이 드러나려면 먼저 추동을 해야 합니다. 앞으로 나아가야죠. 양의 작용입니다. 갑목의 방향성은 '상승'입니다. 갑목에 대해 정리해 볼게요.

갑목의 본질은 여름으로 나아가는 것이다, 에너지가 상승하는 것이다, 상승한다는 건 한번 기운을 일으키기 위해 거세게 추동하는 것이다, 이 힘의 이름은 갑이다, 갑에 오행 목을 붙여 갑목이라고 한다.

우리나라뿐 아니라 대만, 일본 등 명리를 공부하는 나라에서는 다 오행까지 붙여 '갑목'이라고 씁니다.

갑목의 물상은 나무가 되겠죠. 어떤 나무일까요? 주변에서 흔히 볼 수 있는 그런 나무는 아니에요. 하늘을 찌를 듯이 치솟

아 있는 나무입니다. 왜? 갑목은 추동하는 힘이니 그런 형상을 상상해 보는 겁니다. 문을 빵 차고 앞으로 나아갔다면 이제 어떻게 해야 할까요?

을목

갑목이 문을 빵 차고 앞으로 나아갔다면, 이제 유지하고 안정시켜 줘야 돼요. 그렇지 않으면 다시 0으로 들어가 버립니다. 유지, 안정시키는 것이 바로 음의 작용입니다. 양은 일단 저지르고 봅니다. '0에서 1로 나가야 돼. 내가 한번 문을 박차고 나가 볼게' 하고는 나갑니다. 뒷일은 누구한테 맡겨요? 을목한테 맡기는 겁니다. 뒷수습은 음인 을목이 합니다. 갑목과 을목이 정확하게 상반된 작용을 하기 때문에 음과 양이 조화를 이루어 목이라는 하나의 기운으로 존재할 수 있는 겁니다.

갑목과 을목 모두 0에서 1을 만드는 것은 같은데, 갑목이 0에서 1을 추동하는 것이라면, 을목은 0에서 1을 유지하는 역할을 합니다. 을목으로 인해 갑목의 힘에서 뭐가 빠져요? 역동성과 야생성이 빠집니다. 그리고 을목으로 인해 항상성과 안정성이 더해집니다. 사실 항상성과 안정성은 모든 음간*에 해당하는

● 천간 중에서 양의 성격을 띠는 것을 양간, 음의 성격을 띠는 것을 음간이라고 한다. 갑목·병화·무토·경금·임수가 양간이고, 을목·정화·기토·신금·계수가 음간이다.

이야기입니다. 역동성과 야생성은 모든 양간에 해당하고요.

　이름이 오행 목이니, 을목이라고 부릅니다. 갑목이 하늘을 찌를 듯이 높이 치솟아 있는 나무라면, 을목은 일상에서 흔히 볼 수 있는 풀이나 꽃 같은 겁니다. '음은 작은 것, 양은 큰 것'처럼 음양을 크기로 나누고는 하는데 이것은 음양의 본질에 맞는 구분법이 아닙니다. 갑목은 강한 나무, 을목을 부드러운 나무라는 구분이 훨씬 더 음양의 본질에 가까운 방식이에요. 하지만 보통 키가 큰 나무들이 강한 물성을 가지고 있고, 작은 나무들이 부드러운 물성을 가지고 있기에, 목의 경우에는 크기로도 음양을 구분할 수 있습니다.

병화와 정화

목이 어떤 작용을 해 줬나요? 1을 이끌어 냈죠. "애개, 겨우 1이야?" 하고 치부할 일이 아니에요. 0에서 1을 만드는 건 엄청나게 힘든 일입니다. 그걸 목이 해냈고 이제 드디어 뭐가 생겼습니다. 밑천이 생겼습니다. 밑천이 생겼기 때문에 뭘 할 수 있어요? 폭발할 수 있습니다. 갑목과 을목이 불을 붙여 줬어요. 이 작은 불씨가 폭죽을 터뜨리는 겁니다. 폭죽 안의 것들이 하늘로 날아갑니다. 1의 힘을 가지고 100으로 폭발시키는 것이 병화입니다. 1을 100으로 추동하는 겁니다. 폭죽처럼 뻥 터져서 1을 100으로 올려 버리는 거죠. 1이라는 밑천을 가지고 폭발적으로 상승하는 힘이 병화입니다.

병화의 핵심은 기세를 떨치는 것, 폭발적으로 자신을 드러내는 것입니다. 이름은 오행 화니까 병화입니다. 물상은 태양이에요. 태양은 지구에 있는 모두에게 자신의 모든 것을 드러내죠. 병화는 양의 본질을 갖고 있으며, 성격과 역할 역시 양입니다.

- 1→100
- 추동하는 힘
- 밑천을 가지고 폭발적으로 상승하는 힘
- 기세를 떨치는 힘, 폭발적으로 드러내는 힘

1→100힘

기호: 병丙　이름: 병화　오행: 화火　물상: 태양(모두에게 모습을 드러내는 것)
본질: +　성격, 역할: +
상승의 방향성　가속화, 추진

❸ 병화

'양 중의 양'이라 할 수 있죠.

정화

다음은 정화입니다. 병화가 어떤 역할을 했나요? 1에서 100까지 올려놨어요. 그러면 여기에서 어떤 작용이 일어나야 할까요? 수습해 줘야 합니다. 수습을 안 해 주면 애써 올라간 것이 어떻게 됩니까? 다시 꺼져 버려요. 수습하는 역할이 필요합니다. 그 일을 화의 음간 즉, 정화가 합니다. 병화의 힘을 다지고, 유지하는 것이 정화입니다.

갑목부터 똑같은 설명이 반복되고 있는데요, 음의 역할은 양의 작용을 유지하는 겁니다. 1에서 100으로 올라온 힘을 유지

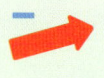

유지, 안정	• 1→100 • 유지하는 힘 • 병화의 힘을 다지고, 유지하는 힘 • 병화의 힘에서 역동성과 야생성을 빼고, 항상성과 안정성을 더한 힘

기호: 정丁　이름: 정화　오행: 화火　물상: 달, 난로
본질: +　성격, 역할: −
상승의 방향성　안정화, 유지

❹ 정화

하는 것이 정화의 역할이죠. 물상은 달이나 난로로 봅니다. 병화가 태양이니까 정화는 태양 빛이 반사된 달빛으로 보는 거지요. 병화가 빛이라면, 정화는 열로 보는 방법도 있고요. 난로라는 물상으로 표현하는 이유죠. 정화는 이중적입니다. 상승의 방향성에 놓여 있으니 양의 본질을 가지고 있으면서, 음의 역할과 성격을 가지고 있습니다.

무토와 기토

무토가 재미있죠. 병화가 100까지 올려놨어요. 정화까지 해서 100이라는 에너지가 유지됩니다. 그럼 이 모인 100이라는 에너지를 가지고 무토는 어떤 역할을 할까요? 사방으로 퍼뜨립니다. 100이라는 이 에너지를 누르고 펴서, 쭉 펼쳐서, 우주 전체로 확장하는 힘이 무토입니다. 사실 사주에 무토가 두 개 정도 있으면 그 확장의 기운 때문에 좁은 지역에서 사는 것이 좀 어려워요.

제 블로그에서 호응이 많았던 글 중 하나가 〈무무병존은 과학〉이에요. 아직 안 읽으신 분들은 읽어 보시길 권합니다. 사주에 무토가 두 개 이상 있는 분들은 외국으로 나갈 확률이 높습니다. 한반도가 좁게 느껴지죠. 무토의 확장하는 힘 때문에 그렇습니다.

무토는 이렇게 생각합니다. '오행 화들은 철이 없어. 100까지 올려놓으면 뭐 해? 실질적으로 쓰지도 못하면서. 나는 이 100

```
       +  ✳        1000              • 확장하는 힘
                    ↑×10             • 100의 힘을 실질적인
              1000 ← 100 → 1000        영향력으로 바꾸는 힘
     확장, 발전    ×10    ×10         • 사방으로 퍼뜨리는 힘
                    ↓×10
                    1000
```

기호: 무戊   이름: 무토   오행: 토土   물상: 경계 없는 넓은 땅(너와 나의 구분이 없는, 주인이 없는 땅)
본질: +   성격, 역할: +
확장의 방향성   가속화, 추진

❺ 무토

을 어떻게든 퍼뜨려 볼 거야.' 무토는 오행 화가 모아 놓은 뜨거운 에너지를 실질적인 영향력으로 바꿔 확장하는 힘이에요. 사방으로 퍼뜨리는 힘이죠.

무토의 물상은 넓은 땅입니다. 경계가 없는 땅, 주인이 없는 땅이에요. 네 거냐, 내 거냐 따질 필요 없는 경계와 주인이 없는 땅이죠. 몽골의 대초원을 상상하시면 됩니다. 병화와 정화가 상승의 에너지라면 무토는 어떤 에너지죠? 확장의 에너지예요. 어떻게 확장해 가요? 가속화해 갑니다. 그래서 무토는 본질도 양이고, 성격과 역할도 양입니다.

```
     ─ ☀     1000              • 수렴하는 힘
                    ↓ ÷10       • 양을 음으로 바꾸는 힘
  수렴, 제한 1000 →  100  ← 1000   → 엄청난 수렴의 힘
              ÷10      ÷10      • 무한대에 한계를 부여
                    ↑ ÷10         하는 힘
                   1000
```

기호: 기己   이름: 기토   오행: 토土   물상: 수렴하는 땅(경계가 확실한 주인이 있는 땅)
본질: −   성격, 역할: −
수렴의 방향성 안정화, 유지

❻ 기토

기토

보통 수렴은 오행 수의 작용이라고 봅니다. 그런데 실질적인 수렴을 보여 주는 것은 기토예요. 임수와 계수는 혼자 숨는 거예요. 혼자 자취를 감추는 거죠. 숨는 것이 내 본질이니까 내가 사라지는 겁니다. 사라진 이후 갑목의 형태로 다시 탄생하는 것이 수에서 목으로의 과정이죠. 일간이 임수나 계수인 분들은 본인을 자꾸 숨기려 하고, 숨어드는데, 이런 본질 때문에 그렇습니다. 그럼 진정한 수렴의 작용은 누가 할까요? 기토입니다.

기토는 땅을 확보한 다음 기운을 끌어모읍니다. 무토에게 이렇게 투덜대죠. "야, 그렇게 펼쳐 놓기만 하면 어떡해?" 이제 양의 단계는 끝났습니다. 음이 시작됩니다. 올라왔으니 내려가

야 합니다. 기토의 의미가 깊은 이유죠. '이제 내려가야 돼. 무토가 펼쳐 놓은 기운을 내가 자리 잡은 곳으로 불러 모을 거야. 얘네들을 다 데려가선 잘 보호할 거야.' 무토는 너무 대책 없이 펼쳐 놨어요. 그런데 기운은 어느 하나도 버리면 안 됩니다. 기토는 호루라기를 붑니다. 아주 예쁘고, 안정적이며, 평화로운 땅이 있으니 모두 모여 내려가자고요. 그래서 저는 기토를 '수렴의 어머니'라고 표현합니다.

갑목은 음을 양으로 전환하는 역할을 합니다. 손을 번쩍 들고는 "이제 봄이 됐습니다"고 소리치는 겁니다. 반면 기토는 양을 음으로 바꿉니다. 양을 음으로 바꾸려면 이미 펼쳐진 기운들을 모아야 합니다. 기토를 막강한 수렴의 힘으로 생각할 수 있는 이유죠. 무토는 "끝까지 가 보자. 끝이 어디냐고? 몰라, 일단 가는 거야! 그게 우리 본질이니까"라고 합니다. 반면 기토는 이렇게 말하죠. "거기까지가 끝이야!" 한계가 생기는 순간 무한대는 의미가 없어집니다. "끝이야. 그러니까 이제 모여"라고 말하는 것이 기토이고, 이런 이유로 기토를 '소멸의 어머니'라고도 합니다.

오행 토가 붙어서 이름은 기토입니다. 무토의 물상은 확장한 땅이에요. 기토는 반대로 수렴하는 땅입니다. 무토가 주인 없는 땅이라면, 기토는 주인이 분명한 땅이에요. 그래서 거기로 펼쳐진 기운들을 모을 수 있는 거죠. 기토는 내리막이니, 음의 본질을 가지고 있습니다. 성격과 역할 역시 음입니다.

경금과 신금

기토가 어머니로서 기운들을 모았어요. 모았으니, 이제 내려가야죠. 올라갈 때 확 올라갔으니 내려갈 때도 마찬가지입니다. 확 내려가야 합니다. 그래야 미련이 안 남아요. 산으로 소풍 간 초등학생 6학년들을 상상해 봅시다. 산 정상에 모였어요. 기토 선생님이 호루라기를 붑니다. "애들아, 모두 모여라!" 아이들이 모이자 이번엔 경금 선생님이 등장합니다. "자, 이제 내려가자. 출발했던 곳으로 5분 안에 뛰어간다! 안 내려가면 벌점 줄 거야!" 이렇게 소리치는 것이 경금입니다.

이런 엄숙한 힘, 강한 힘, 양보하지 않는 힘으로 어떻게 하는 거예요? 100을 1로 끌어내리는 겁니다. 그게 경금입니다. 100에서 1을 추동하는 힘입니다. 늦장 부리는 아이들을 뒤에서 몰아붙여 빨리 내려가게 하는 것이 경금입니다. 경금은 격렬한 하강의 힘이죠. 병화의 반대라고 생각하면 됩니다. 경금은 기토가 아이들을 잘 모아 놨기 때문에 등장할 수 있고, 큰소리도 칠 수

> - 100 → 1
> - 추동하는 힘
> - 격렬한 하강의 힘
> - 경계가 확실하니 스스로의 힘을 주장하는 힘
>
> 100 → 1힘　+
>
> ---
>
> 기호: 경庚　이름: 경금　오행: 금金　물상: 도끼, 큰 바위(내부와 외부가 확실히 구분되는 물체)
> 본질: −　성격, 역할: +
> 하강의 방향성　가속화, 추진

 경금

있는 거죠. 기토에 의해 잘 정돈된 땅 위에서 자신만의 주체성을 뽐내는 힘으로도 볼 수 있습니다.

오행 금이 붙어서 이름은 경금입니다. 물상은 가차 없이 잘라 버리는 도끼입니다. 또는 누가 봐도 압도적인 느낌을 풍기는 큰 바위입니다. 매우 단단해서 주변 사물과 명확하게 구분되는 기운이 경금입니다. 경금은 음의 본질을 가지고 있습니다. 내리막에 해당하는 천간들은 본질이 다 음입니다. 하지만 경금은 양의 역할을 합니다. 음의 내리막 과정을 추동하기 때문이죠. 그래서 경금은 양간입니다.

> - 100 → 1
> - 유지하는 힘
> - 경금의 힘을 다지고, 유지하는 힘
> - 경금의 힘에서 역동성과 야생성을 빼고, 항상성과 안정성을 더한 힘
>
> 유지, 안정
>
> ---
>
> 기호: 신辛   이름: 신금   오행: 금金   물상: 바늘, 칼, 보석(안으로 강하게 응집된 물체)
> 본질: -   성격, 역할: -
> 하강의 방향성   안정화, 유지

❽ 신금

신금

하산했으니, 아이들이 다 내려왔는지 파악을 해야겠죠. "어디 다친 사람 없지?", "○○○, 내려왔니, 어딨어?" 등 확인을 합니다. 하나라도 안 내려왔으면 다시 올라가서 데려와야 합니다. 그래서 내려오는 중간중간에 계속 바쁘게 돌아다니면서 혹시 다시 올라가는 아이들은 없는지 확인을 합니다. 신금입니다. 100에서 1로 내려오는 기운을 유지하는 거예요. 비유하자면 이런 거죠. 경금의 선생님은 당장 내려가라고 다그친다면, 신금의 선생님은 "어서, 내려가자"며 챙기고 독려하는 선생님이에요. 경금의 힘에서 역동성과 야생성을 빼고 항상성과 안정성을 더한 힘이 신금인 거죠.

오행 금이 붙어서 신금입니다. 물상은 바늘, 칼, 보석 같은 작은 금속이에요. 10개의 천간 중에서 우리 삶에 잘 드러나는 것이 신금입니다. 실제로 사주에 신금이 있는 분들은 네일아트 전문가나 타투이스트, 의사나 한의사로 일하는 분이 아주 많아요. 바늘, 칼 등 날카로운 물건을 쓰는 직업들이죠.

저는 신금을 안으로 강하게 응집된 물체라고 봅니다. 더는 응집할 수 없을 만큼 응집돼 있는 것이 신금의 단계입니다. 신금은 본질이 음이고, 성격과 역할 역시 음입니다.

임수와 계수

 이번엔 임수입니다. 산을 내려온 기운이 모여 있습니다. 이 기운을 어떻게 해야 할까요? 숨겨야 합니다. 임수는 0을 만드는 힘이자, 0으로 추동하는 힘입니다. 블랙홀의 힘으로도 볼 수 있죠. 임수는 아주 미약하게 남아 있는 기운마저 없애 버리고, 사라지게 만듭니다.

 오행 수가 붙어 이름이 임수입니다. 물상은 강이나 바다입니다. 이 강은 캘리포니아 해변처럼 넓고 활기찬 곳이 아니에요. 무슨 말일까요? 수의 계절이 겨울이니, 임수의 강은 해질녘의 섬진강처럼 적막과 고요가 가득한 강이에요. 혹은 밤바다예요. 임수는 본질이 음이고, 소멸의 방향성을 가지고 있어요. 그럼 어떻게 소멸시킬까요? 소멸을 가속화합니다. 적극적으로 소멸시킨다는 것이죠. 그래서 임수의 성격과 역할은 양간입니다.

- 1→0
- 추동하는 힘
- 완전한 소멸로 향하는 힘
- 유에서 무를 만드는 블랙홀의 힘

1→0힘

기호: 임壬   이름: 임수   오행: 수水   물상: 강, 바다
본질: −   성격, 역할: +
소멸의 방향성   가속화, 추진

❾ 임수

계수

계수입니다. 임수가 애써 소멸시켜 놨는데 다시 튀어오르면 안 되잖아요. 계수는 이 소멸을 유지하는 힘이에요. 1에서 0을 유지하는 항상성과 안정성을 가지고 아예 웅크리고 숨어 버리는 힘이 계수입니다.

오행 수가 붙어서 이름이 계수입니다. 물상은 안개, 이슬 혹은 눈으로 볼 수 있습니다. 계수의 본질은 음이고, 성격과 역할 역시 음간이에요. 소멸의 유지와 안정 이후에는 어떤 기운이 이어질까요? 바로 갑목입니다.

지금까지 내용을 도표로 정리해 보았습니다. 지구의 운행 단계를 음양, 오행, 그리고 오행을 둘로 쪼개 음양으로 구분한 것이 바로 천간의 개념입니다.

유지, 안정

- 1→0
- 유지하는 힘
- 임수의 힘을 다지고, 유지하는 힘
- 임수의 힘에서 역동성과 야생성을 빼고, 항상성과 안정성을 더한 힘

기호: 계癸   이름: 계수   오행: 수水   물상: 안개, 이슬, 눈
본질: -   성격, 역할: -
소멸의 방향성   안정화, 유지

❿ 계수

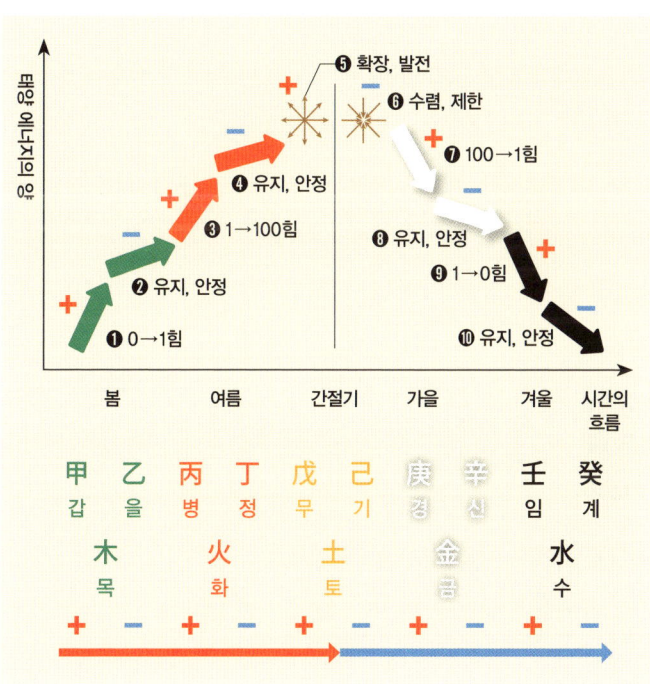

천간

수강생 질문

> 화의 핵심으로 허무를 말씀하셨는데, 화는 허무와 어떻게 연결되는 건가요?

화는 폭발적으로 자신을 드러내는 특성이 있습니다. 폭죽처럼 뒤를 보지 않고 그냥 날아가 버리는 거예요. 안착할 곳이 없죠. 폭발 후에 아무것도 남지 않습니다. 비유하자면 숯불하고 폭죽의 차이로 볼 수 있습니다. 숯불은 천천히 타기 때문에 타고 난 후에 여운과 재가 남지만, 폭죽은 사방으로 발산하고 분출해 버리니 안이 텅 비어 버리는 거예요. 그래서 화가 강한 분들은 허무하고 허탈한 감정을 많이 느낍니다. 쓸쓸한 감정도 의외로 많이 느끼고요.

> 토의 안정과 수의 여유가 비슷해 보이는데, 어떻게 다른가요?

안정과 여유는 좀 비슷한 느낌이죠.

토의 핵심은 위장에 있어요. 먹으면 포만감이 들고, 거기서 오는 안정이 있죠. 배가 고플 때는 잔뜩 예민해져 있다가 배가 부르면 세상이 행복해 보이고, 여유가 생기는 기분 아시죠? 이 기분이 토의 안정을 의미합니다.

　수의 핵심은 정신에 있습니다. 스트레스를 받거나 비난에 직면했을 때도 이겨 낼 수 있는 정신적인 충만감, 하나에 집착하지 않고 생각의 물길을 돌려 버리는 유연성이 수의 여유를 의미합니다.

　토의 안정이 영원히 변치 않는 넓은 대지에 기반한다면, 수의 여유는 어떤 걸림돌에도 굽이쳐 흐르는 강물에 기반합니다.

> 🔍 **극이 많다면, 어떤 마음가짐으로 살아야 할까요?**

　이 질문에 답변할 수 있다면, '고수'가 된 거예요. 왜냐면, 이후에 배울 용신까지 알아야 답변을 할 수 있거든요.

　질문에 답을 하자면, 극이 많은 사람은 변화와 변동의 힘을 많이 갖고 태어난 겁니다. 이 사람은 어떻게 살아야 할까요? 타고난 변화와 변동의 힘을 잘 발현해야겠죠. 극이 많은 사람은 가장 먼저 내가 가진 이 많은 변화의 힘을 어떻게 삶에서 풀어낼지 그 방법을 찾는 게 좋습니다.

문제 풀기

1. 음과 양의 관계에 대한 설명 중 틀린 것을 고르시오.

① 음이 양의 뿌리가 되고, 양의 양분으로 인해 음이 싹튼다.

② 과도한 음은 양을 극하고, 과도한 양은 음을 위축시킨다.

③ 음과 양은 서로 대립과 조화를 이루고 있다.

④ 음과 양은 서로 대립하는 관계로만 이해할 수 있다.

⑤ 오행 역시 대립과 조화의 관계를 이루고 있다.

2. 오행의 생의 작용을 오행의 확장된 의미로 연결했을 때 옳은 것을 고르시오.

① 목생화 = 도전한 것이 열정으로 이어진다.

② 화생토 = 안정을 바탕으로 고유한 힘을 얻는다.

③ 토생금 = 열정을 바친 결과 안정/확장된다.

④ 금생수 = 여유와 휴식이 도전으로 이어진다.

⑤ 수생목 = 고유한 힘이 여유와 휴식을 가져온다.

3. 생에 대한 설명 중 틀린 것을 고르시오.

① 생의 방향으로 살아가는 것은 자연스러운 것이다.

② 끊임없이 연결되고 이어지는 에너지의 이동, 순환, 전환, 연결,

진행이다.

③ 인간이 결국 나아가야 하는 방향의 대전제는 생의 전진 방향이다.

④ 일간이 목인 삶은 수, 금으로 이어지는 것이 우주의 목소리이다.

⑤ 당연하고 자연스럽고 익숙하고 맹목적인 활동이다.

4. 극에 대한 설명 중 틀린 것을 고르시오.

① 봄에 가을 날씨가 들이닥친 것처럼 부자연스러운 힘.

② 하나의 오행이 다른 오행을 파괴하는 것(에너지의 충돌).

③ 인위적이고 치열하고 격렬한 활동.

④ 내면에 숨겨진 강한 욕망.

⑤ 하나의 오행이 다른 오행으로 전환되는 것(에너지의 이동).

5. 빈칸에 들어갈 말을 고르시오.

생	극
안정	[ ]
[ ]	주체적
단순함	[ ]
가족, 친구, 부모, 자식	[ ]

① 평화 – 고집 – 의도적 – 믿음, 신뢰.

② 변화 – 맹목적 – 의도적 – 사회, 직장, 배우자.

③ 사랑 – 맹목적 – 치열함 – 갈등.

④ 변화 – 인위적 – 의도적 – 부하 직원.

⑤ 변동 – 의존적 – 익숙함 – 친목 모임.

6. 오행에 대한 설명 중 틀린 것을 고르시오.

① 《주역》과 금화교역의 짝수의 체계는 자연의 변화를 잘 나타낸다.

② 오행 토의 개념이 등장하면서 완전한 상생상극의 체계를 갖춘다.

③ 음양(2)과 오행(5)의 조화로 우주와 지구의 운행을 파악할 수 있다.

④ 전국시대 음양가는 일 년이라는 시간을 5개로 구분해야 한다는 사실을 밝혀냈다.

⑤ 일 년을 4개로 쪼개면 생극의 관점에서 여름에서 가을로 넘어가는 것을 설명할 수 없다.

7. 갑목에 대한 설명 중 옳은 것을 고르시오.

① 무에서 유를 창조하는 힘이다.

② 양에서 음으로 바꾸는 힘이다.

③ 양이 본질이며 음의 성격을 가진다.

④ 안정화, 유지하는 성격을 가진다.

⑤ 항상성과 안정성을 드러낸다.

8. 정화에 대한 설명 중 옳은 것을 고르시오.

① 0→1로 추동하는 힘이다.

② 물상은 태양이다.

③ 병화의 힘에서 항상성과 안정성을 더한 힘이다.

④ 맹렬한 역동성과 야생성의 힘을 드러낸다.

⑤ 엄청난 수렴의 힘이다.

9. 무토에 대한 설명 중 틀린 것을 고르시오.

① 100의 힘을 1000으로 실질적으로 바꾸는 힘이다.

② 사방으로 퍼뜨리는 힘이다.

③ 물상으로는 경계 없는 넓은 땅으로 볼 수 있다.

④ 본질은 양이다.

⑤ 경계가 확실한 땅이다.

10. 신금에 대한 설명 중 틀린 것을 고르시오.

① 본질은 음이다.

② 경금의 힘에서 역동성과 야생성을 빼고, 항상성과 안정성을 더한 힘이다.

③ 물상으로는 칼과 보석 등 안으로 강하게 응집된 물체를 의미한다.

④ 본질은 음이고, 양의 성격을 가진다.

⑤ 100→1로 유지하는 힘이다.

정답

1 ④ **2** ① **3** ④ **4** ⑤ **5** ② **6** ① **7** ① **8** ③ **9** ⑤ **10** ④

주

1 위화, 《원청》, 문현선 옮김(푸른숲, 2022), 56~57쪽.
2 니코스 카잔자키스, 이윤기 옮김(열린책들, 2009), 391쪽.
3 〈태어난 계절이 몸 건강을 좌우한다?〉, 《헬스조선》 2018년 1월 10일 자.
4 신영자, 《갑골문의 비밀》, 도서출판 문, 2011, 30~31쪽.
5 노자, 《마음으로 읽어내는 도덕경》, 정창영 옮김(태학사, 2023), 14쪽.
6 위의 책, 46쪽.
7 제임스 디니콜란토니오, 《소금의 진실》, 김상경·박시우 옮김(하늘소금, 2019), 41쪽.
8 위의 책, 41쪽.
9 프랑스 국립보건의학연구소INSERM 세브린 사비아 박사가 이끄는 유럽 공동연구팀이 국제 학술지 《네이처 커뮤니케이션스Nature Communications》에 발표한 내용이다.
10 〈수면 부족하면 고환이 작아지고 발기의 질↓〉, 《매일경제신문》 2019년 10월 30일 자.
11 권소윤(내분비대사내과의사), 〈당뇨병과 치매〉, 《삼성당뇨소식지》 Vol. 339.
12 Kartick C. Pramanik, Srinivas Reddy Boreddy, and Sanjay K. Srivastava, 〈Role of Mitochondrial Electron Transport Chain Complexes in Capsaicin Mediated Oxidative Stress Leading to Apoptosis in Pancreatic Cancer Cells〉. *논문 링크 https://www.ncbi.nlm.nih.gov/pmc/articles/PMC3102063/?tool=pmcentrez

현묘의 사주 강의 — 입문 1

초판 1쇄 발행 2024년 9월 30일

지은이 | 현묘
펴낸곳 | (주)태학사
등록 | 제406-2020-000008호
주소 | 경기도 파주시 광인사길 217
전화 | 031-955-7580
전송 | 031-955-0910
전자우편 | thspub@daum.net
홈페이지 | www.thaehaksa.com

편집 | 조윤형 여미숙 김태훈
마케팅 | 김일신
경영지원 | 김영지

ⓒ 현묘 2024. Printed in Korea.

값 20,000원
ISBN 979-11-6810-313-9 04150
      979-11-6810-312-2 세트

도서출판 날은 (주)태학사의 인문·에세이 브랜드입니다.

책임편집 여미숙
디자인 이유나